本书由贵阳中医学院2017年博士启动基金
贵阳中医学院法学学科建设经费资助出版

国民政府社团法制研究
（1925-1937）

董志鹏 著

THE ASSOCIATION LEGAL
SYSTEM OF THE
NATIONAL GOVERNMENT
（1925-1937）

社会科学文献出版社
SOCIAL SCIENCES ACADEMIC PRESS (CHINA)

前　言

　　社团的兴起是近代社会组织方式演变和进化的重要特征。社团作为一种社会的子单元，具有重组和整合社会结构的功能，完善社团法制因此成为近代中国政府实现社会控制、重塑社会秩序的重要手段。通过对近代社团法制的纵贯考察，分析其体系构建过程和发展变化的总体历史脉络，有助于解读近代中国政府通过社团法制推动社会进化和实现社会动员的意图及其成效，管窥中国近代社会治理的发展演进。

　　中国传统社会中的社团在士农工商"四民"分业基础上发展而成，王朝体制下国家根据民间结社的不同性质予以差别对待，对政治性结社活动制定刑律严厉镇压，而对于经济文化类社团则在维持治安的前提下采取放任态度。晚清以来的全球化浪潮使中国传统社会组织开始解体，近代社团逐渐发展壮大，形成了新的社会力量。清政府末期开始通过法制手段将社团纳入统治体系中，其结社法律与社团章程组合的立法设计确定了近代社团治理结构的基本框架。

　　辛亥革命之后，民国北京政府在前清基础上拓展了社团法制的规模，"结社自由"成为宪法性的公理，同时职业团体也更大范围地纳入法律规制之下，社团法制体系在前清的大致框架基础上有了进一步的发展，社团的组织活动也一时呈现蓬勃的气象。但是，北京政府在承认结社自由的法理同时，对于一般性结社行为仍基于专制统治的历史惯性进行压制，形成了约法理念与法律实践之间的矛盾。由于政局动荡加之治理能力有限，政府的法制权威受到了社团的挑战，围绕社团的法律地位、组织权限等问题，社团法制的发展过程中存在激烈的官民博弈，并常常以政府妥协为最终结果。

　　总体而言，民国北京政府推行的社团法制偏重于对传统的维持和承认，在管理和规范社团方面表现出较大被动性，这种维持现状的策略在民间社会的发展中难以继续。1920年代，以工人为代表的基层民众主体意识开始觉醒，《治安警察法》等限制结社权的法规受到了强烈质疑，北京政府与民众间围绕结社权利的矛盾日趋尖锐，并随着南方革命的发展而激化。

在北京政府刻意压制民众结社的同时，孙中山领导的广东国民党政权则通过民众团体的组织发动了国民革命。在"党治"理论指导下，广州国民政府制定了带有浓厚革命色彩的社团法规，试图通过主动干预使民众组织化，实现对民众的控制和对社会资源的动员。革命化的民众团体在国民革命中发挥了巨大作用，但随着革命的进展，社团活动逐渐失去约束，社团法制呈现崩坏之象，秩序陷入混乱。"清党"后的国民党政权被迫停止民众团体的活动，调整社团政策，并对社团法制加以重建，南北政府两种对立的社团法制架构开始在南京国民政府的旗帜下融合成为新的体系。

南京国民政府通过对"人民团体"整体的设计，辅以对职业团体和社会文化团体的法律规制，建立了一个无所不包的法制框架，并经多年立法实践形成了具有较大规模的系统性结构。这个系统以党政二元并行的双轨制为运行机制，以社团组织制度和法规为具体构成，以社团整合和规范为主要功能，从法理上提供了一种社会重组的可能性，表达了国民党政权试图通过社团来打造具有高度凝聚力的国家实体的强烈愿望。由于南京国民政府自诞生之日起就面临复杂险恶的国内外形势，必须最大限度动员民间社会力量加以应对，其政治主导性造成了法制的不稳定，兼之法制体系自身的复杂性，国民党构建社团法制体系的意图与法制体系的实际运转效果之间存在明显的脱节，有很多弊病。尤其是随着国内外形势的变化，社团法制体系的控制色彩渐浓，并在日本军事侵略的威胁下形成带有军管色彩的社团统制。在这种非常态的状况下，国民政府通过社团法制整合民众的努力未能达到预期效果。

国民政府对于社团法制体系的构建历程体现了国家与社会视域下的新型关系。在全球竞争环境中，传统的简约治理已经不能胜任，为了应对强大的外敌，国家必须通过对社会的重新组织来聚合和动员民间力量。中国近代的不同政权对于社团始终抱有不同程度的发展和控制意图，政府通过社团法制体系的构建，以有限的权利让渡将大量的社会资源纳入政府的治理体制下，形成国家与社会之间的不平等交换。然而，发展和控制两种意图本质上具有矛盾性，民间社团的发展必然会促进其脱离政府控制的自主意识，以官方意识为主导的法制体系终将由于内在的不协调而面临方向性的抉择。

尽管近代的社团法制体系随着南京国民政府的政权覆亡、"法统"终结而成为历史，但作为近代中国统合社会力量、直面国际竞争的有益尝试，社团法制体系构建和变迁的历程仍然具有筚路蓝缕的开拓意义。

目　录

绪　论

社团组织在中国有着悠久的历史传统，并且在近代的社会演变中表现出了复杂的多样性。对于近代中国的国家政权来说，如何通过建章立制为社团的组织和活动提供法律指引和制度规范，关系到国家治理的有效性和社会发展的有序性，无疑有着重要意义。国民党主政期间，自广州国民政府至南京国民政府时期，不尽相同的政权主体先后制定了种类繁多的社团法规制度，并逐渐形成了具有内在逻辑的社团法制体系，本书在已有关于国民政府社团法制研究的基础上，重点分析国民政府的社团法制体系是如何通过国家治理思维和立法实践的发展而逐步构建的，并以此管窥中国近代社会重构和法制发展的曲折历程。

一　选题旨趣

社团是社会组织的一种重要形态，在当代政治学和社会学研究中被赋予了"第三部门"的意义，并成为"全球结社革命"的主要角色。① 作为"全球结社革命"的倡导者，萨拉蒙教授认为，"全球结社革命的成功，远没有得到保证"，社团组织在当代社会中"依然是一个相当脆弱的生态体系"，而在其面临的种种外来威胁中，"合法性是第一个重大挑战"。在萨拉蒙教授看来，英美法系国家为社团发展提供了相对比较宽松的法律环境，而大陆法系国家则对社团严格限制，他以日本为例指出，"在日本，组建一个非营利组织的权利，迄今不是被当作一项权利，而是被当作可以为政府各个部门随意赐予或者剥夺的一个特权"。②

在当代中国，社团所面临的合法性挑战也在一定程度上呈现了与萨拉

---

① 第三部门，在不同的场合下也常称为非政府组织（NGO）、非营利组织（NPO），其概念指向大同小异。

② 〔美〕莱斯特·M. 萨拉蒙：《走向公民社会：全球结社革命和解决公共问题的新时代》，赵黎青主编《非营利部门与中国发展》，香港社会科学出版社，2001，第57页。

蒙所描述的大陆法系国家相似的状况。中华人民共和国民政部是社团管理的最高主管部门，在民政部 2015 年的工作报告中，可以看到其总结社团管理的工作成绩中包括 "社会组织联合执法机制初步建立。印发社会组织联合执法机制实施方案，建立了民政部、外交部、教育部、工业和信息化部、公安部、安全部、文化部、人民银行、税务总局、工商总局等 10 部门组成的社会组织联合执法机制"，并且，作为先进试点的上海市，也在 "探索建立社会组织综合管理服务系统，以信息化为手段，加强事中事后监管"。① 在民政部国家社会组织管理局主办的中国社会组织网站上，如果点击进入 "政策法规" 页面，也可以看到各种关于监管、登记、管理的办法，② 而在这些办法中，大凡涉及 "促进社会组织健康有序发展"，其主要的促进措施也是诸如 "依法做好社会组织登记审查" "严格管理和监督" 之类。③

从官方的文件来看，社团治理在当代中国的意义似乎局限于形成 "事前登记" 加上 "事中事后监管" 的全方位控制网络，让社团的一切行动尽在监管者的掌握之中。有学者认为，这是一种 "家长主义" 的风格，"意味着国家对于社会团体基本上采取一种不甚信任的态度，将其看成是未成年的儿童而严加管教或 ‘保护'，以防止其做出对国家不利的事情"。④ 运用法制手段对社团进行全面监管的设想固然有其充分的理由，但在中国这样一个国土辽阔、人口众多的国家，在当今这样一个全球交融、多元发展的时代，无论从法理还是从经济成本的角度来考虑，采取全面监管的方式可能并不是最优的选择。

社团并不是当代才出现的新事物，中国近代也曾经有过社团爆发式增长的阶段，并深刻反映了传统社会秩序的变化和群体组织的变迁。自从鸦片战争以来，中国传统社会的变化开始催生代表新兴阶层的社团组织，民

---

① 《2015 年民政工作报告》，参见中华人民共和国民政部官网，http：//www．mca．gov．cn/article/gk/mzgzbg/201605/20160500000233．shtml。

② 中国社会组织网，http：//www．chinanpo．gov．cn/1202/1/1/zcindex．html。

③ 《关于改革社会组织管理制度促进社会组织健康有序发展的意见》，参见中国社会组织网，http：//www．chinanpo．gov．cn/1202/97986/index．html。

④ 邓正来、丁轶：《监护型控制逻辑下的有效治理——对近三十年国家社团管理政策演变的考察》，《学术界》2012 年第 3 期，第 24 页。

国初年更呈现了一种本土式的"结社革命"。这种社团的加速发展趋势一直持续到南京国民政府时期，国民党的"党治"模式下，对社团的组织和活动加以有意识的引导，社团的外在数量规模出现了显著增长；同时，社团又受到了来自党政两方面前所未有的监管和控制，对社团发展的内在动力产生了阻碍，从而呈现了数量增长和活动萎缩并存的状态。由于社团的涵盖面极广，其法律文本的表达也非常复杂，在抗战全面爆发之前，广州国民政府至南京国民政府十余年间先后为社团制定了数以百计的法规制度，文字内容堪称汗牛充栋，而在由"人治"向"法治"的过渡状态下，社团法制的实施更与社团的行政治理交织在一起，形成了一个纠缠不清却又符合历史逻辑的治理结构。

对于国民政府时期的社团法制体系进行剖析，有助于理解中国近代政权的执政理念和治理措施，并提供一个观察近代国家与社会关系的视角。此外，历史研究虽然不能直接为现实提供答案，但至少可以为寻找答案提供更加广阔的思路。

二　概念界说

"社团"是一个涵盖面非常广泛的概念，现代社会中使用这一名词时常常会基于解释角度和场合的不同而有所差别，但总体而言，社团在一般意义上可以视为"由一定数量的自然人或团体、法人为了共同的目的，依法自愿成立并按照一定的原则和方式组织活动的相对稳定的群众团体"。①社团在现代社会的表达中也常称为社会团体，中华人民共和国民政部公布施行的《社会团体登记管理条例》就使用了这一概念，该条例将社会团体定义为"中国公民自愿组成，为实现会员共同意愿，按照其章程开展活动的非营利性社会组织"。②

中国古代少见"社团"或者"社会团体"之类的表达称谓，但有各种以"会""社"等方式命名的社团组织，近代社团则是在传统社团的基础之上，为适应近代社会发展演进而出现的新式组织形态。陈志波认为，

---

① 王世刚主编《中国社团史》，安徽人民出版社，1994，第1页。
② 《社会团体登记管理条例》，见民政部官网，http://mjzx.mca.gov.cn/article/zcfg/201304/20130400437175.shtml。

近代社团至少要具备七个要素："第一，社团必须由成员自愿组成。第二，要有社团成员一致认同的宗旨或目标。第三，社团所从事的活动要有一定社会性。第四，要有成文、规范、内容相对齐备的社团章程。第五，社团成员的加入必须符合资格规定，并且需要履行一套组织程序。第六，社团成员之间的关系是一种互益关系。第七，社团内部一般设有协调整个团体活动的管理或理事机构。"[①]

国民政府时期，"社会团体"并不等同于"社团"。南京国民政府所制定的社团法规中，曾经将社团分为职业团体、社会团体和自由职业团体三类，其中职业团体主要包括工会、农会、商会、同业公会、渔会等，自由职业团体则包括律师公会、会计师公会、医师公会、记者公会等，而除了这两类之外的其他社团，如文化团体、妇女团体、学生团体等被统称为社会团体。显然，按照当时的标准，"社会团体"只是"社团"中的一小部分。基于历史事实，为便于开展研究，本书使用"社团"作为一般性概念，而"社会团体"则尊重国民政府时期内的特定用法，专指各种非职业类的社团。

"结社"是一个与社团有紧密关系的概念。从字面上看，结社可以简单理解为"结成社团"之意，而实际运用中结社一般指结成社团的行为，有时也用来代指社团本身。公民的结社权是近代宪法中具有普遍性意义的法律原则，"结社自由"被视为近代宪法应予以保障的基本权利之一。依法理而言，具有结社权是行使社团权的基本前提，不论社团的设立、会员的加入、退出，或者社团的具体活动开展，无不与结社自由权有着密切的关系，结社权如果无法得到法律保障，社团权则无从谈起。在此意义上，可以说结社权是一种母权利或称基本权利，而社团权则是子权利或称普通权利。[②] 国民政府时期是中国由传统专制国向近代法治国发展过渡的阶段，其法制的近代化过程不可回避地要面对如何构建宪法和保障人权的问题，社团治理结构的塑造也必然要以结社权的法律规制为基础，结社权在根本法层面的表达方式和保障程度，体现了中国对于西方法律价值观念的调

---

①   陈志波：《南京国民政府社团法制研究》，博士学位论文，苏州大学，2014，第12页。

②   参见郭相宏、完珉、任俊琳编著《宪法学基本原理》，中国社会出版社，2005，第146页。

适，也对国民政府时期的宪政发展产生了重要影响。

　　"法制"从字面而言，是"法律制度"的合成，其涵盖范围大于"法律"。考虑到中国的历史因素，中华法系自成一体，其法律规范的制定与实施都与西方法学理论中所表述的状态不同，因此研究中国的传统法或近代法时，使用"法制"要比"法律"更加合适。法学界比较注重法律的客观性，以纯粹的"法治"作为理想和目标，强调克服法律制度中的主观性和随意性，因此在涉及历史时，法学界倾向于关注法律文本，而对其他因素常常予以忽略；而从史学的角度而言，这些有意无意被忽略的因素恰恰是中国历史的特性所在，法学与史学的关注点各不相同，而两者的结合往往更能接近观察对象的全貌。

　　"法制体系"在法学界的解释中常视为"法制运转机制和运转环节的全系统"，[①] 法学界还经常使用"法律体系"的概念，其定义为"由一国现行的全部法律规范按照不同的法律部门分类组合而形成的一个呈体系化的有机联系的统一整体"。[②] 一般认为，法律体系与法制体系两者有所区别，法律体系比较注重法律文本自身的体系构成，而法制体系则更为偏重于法律施行中的动态机制。

　　中国政法大学卜志勇在其博士论文中使用了"社会团体法律体系"这一概念，将其定义为"国家全部现行社团法律规范在分类组合为不同的法律部门的基础上构成的有机联系的统一整体"，并将研究中的近代社团法律体系根据具体内容分为了六个层次："一是宪法和宪法性法律，二是刑事、民事基本法律，三是社团的基本法，四是社团的各专门法，五是社团行政法规和规章、条例，六是地方性社团法规。"[③]

　　卜志勇对于社团法律的分类方法主要是根据法律效力的层级而做的，对国民政府时期的社团法制分类也有参考价值。近代中国的社团法制发展到国民政府时期，其法律文本形式上的表现已经相当复杂，既包括根本法

---

①　张文显主编《法理学》，高等教育出版社，1999，第 125 ~ 126 页。
②　周旺生、朱苏力编著《北京大学法学百科全书——法理学·立法学·法律社会学》，北京大学出版社，2010，第 295 页。
③　卜志勇：《近代中国社会团体法律制度研究》，博士学位论文，中国政法大学，2011，第25 页。

中对结社权的相关规定，又有民法、刑法等普通法中的相关规定，还有商会法、同业公会法、农会法、工会法等单行法和律师公会章程、银行公会章程等规章，更有通过党务系统制定颁布的众多关于人民团体的党规文件。对于这些林林总总的法制文件，根据其所调整的法律对象和法律关系的差异性，可以大致分为三种主要的类型：其一是关于结社自由权的法律规范，其二是关于各种社团关系的一般性法律规范，其三是适用于社会生活中各种职业团体及社会团体的特定性法律规范。在不同的历史发展阶段，这些不同类型的立法侧重各有不同，表现出历史节点的倾向性。

从法制体系的角度而言，分析社团治理并不仅局限于静态的法律文本。当然，国民政府的各种社团法规文件尤其是单行法比较集中和具体地展现了当时社团治理的基本状态，但由于社团法文件的庞杂性，如果仅仅局限于对静态文本的分析，容易陷入只见树木不见丛林的误区。在国民政府"党治"这种特殊的法制环境下，社团法规一般是政府根据国民党中央已经确定的社团政策所做出的法律推演，是国民党社团治理逻辑在法律文本上的表现。因此在对社团法制进行宏观角度的关照时，除了对社团单行法进行综合性的考察外，更需要关注立法背后国民党的政策和治理逻辑。因此，本书中所称社团法制，是指由国民政府所颁行的社团法规文本和国民政府所推行的社团管理模式所组合构成的运行机制，其主要内容包括结社的相关法规、社团的相关法规、社团权利和义务的呈现、国家在社团管理中的权限等。对于这样一个非常庞大的概念，笔者尚无能力面面俱到，希望能将论题聚焦到国民党政权对于社团法制体系逐步构建的历史过程，以凸显各种形式多样、内容各异、效力不等的社团法制文件的内在治理逻辑。

三　研究现状

社团本身是一个集合概念，包含了多种性质各异的团体。由于这些团体的组织形式、管理机制、运作方式都不尽相同，体现了各异的社会关系，不同类型的团体常常会有相应的单行法律规范加以规制；另外，除了相异性外，这些团体相对于国家和政府而言又都具有民间色彩，都是一种基于社会而非基于政权的组织形态，以此为基础也可以抽象出相应的法律关系。因此，社团法制并非一个单纯的实证性对象，而是对多种对象的抽象综合，并且涉及阶层分化与群体流动、国家与社会关系、结社自由权等多个学术问题，与史学、法学、政治学、社会学等多种专业领域均有不同程度的交叉和关联。以下主要根据研究对象的归属，对国民政府时期社团法制方面已有的成果进行择要回顾。

学界对国民政府时期社团法制的研究从具体对象上可以大致分为结社权法制研究、社团单行法规研究和社团法制综合性研究三类。

1. 结社权法制的研究

结社权是近代宪法的必备内容，也是近代社团产生的法理基础，清末新政时期的《结社集会律》是包括国民政府在内的中国近代政权制定结社法时必须参酌的"原典"性法律文件。申晓勇通过对清末《结社集会律》的解读和分析，与日本治安警察法进行了横向比较。他认为，《结社集会律》的出台源自现实逼迫和统治集团内部不同声音的压力，法律出台后，无论是官方还是民间，在管理结社的实践层面都没有严格遵从律文行事，《结社集会律》在法律表达和实践方面表现了一定程度的分离，而这种分离具有比较积极的社会作用，启发了民众的政治觉悟，扩大了民众的政治参与意识，并且加快了近代中国的民主化进程。①

饶传平研究了近代中国宪法中基本权利条款的演变，遵循"条文的语义—条文的思想—条文的时代"的脉络，对结社权等宪法基本权利条款进行了正反两面的探究，一是层层追寻（条文来源于思想，思想来源于时代），二是层层反推（时代决定思想，思想决定条文）。这种研究的思路给予笔者较大的启发。②

柳飒从权力模式和权利保障的角度考察了南京国民政府的结社权，认为国民政府的公权力不断向民间社会领域加以渗透，民众的结社自由在国民政府党政的双重管制之下变成了结社义务，政府权力的运行模式对于公民权利的实有状态产生了决定性的作用。③

---

① 申晓勇：《结社集会律与晚清社会》，硕士学位论文，华中师范大学，2002。
② 饶传平：《论近代中国宪法中基本权利条款之演变（1908～1947）》，博士学位论文，华东政法大学，2010。
③ 柳飒：《权力模式与权利保障——以近代结社自由为视角》，《湖南科技大学学报（社会科学版）》2012年第1期。

杜筼翊从价值和规范两个维度对结社自由的法律规制进行了法理方面的探讨，认为在近代结社自由宪法化和法律化的过程中，结社行为由从前的自发和自愿状态逐渐转变为法律保障下的自由行为，但这种法律保障同时又伴随对结社自由的限制及对社团的控制和管理，"结社自由的法律规制蕴含了权利主体基本诉求和国家权力之间的基本互动关系"。[①]

2. 社团单行法规的研究

社团单行法是指对于某一种类型社团的专门性社团法律法规，这并非是一种法律部门分类，而是一个为了便于开展研究而抽象出来的概念。需要指出的是，"单行法"在严格法律意义上指向非常具体，只有充分满足立法创制、文本形式、法律效力等各方面条件的法律文件方能称其为"单行法"。若以此为标准，则1904年清政府颁布的《奏定商会简明章程》只能视为部门规章，不能视为单行法，1914年北洋政府颁布的《商会法》才是严格意义上的单行法。在本书的研究中，这种以现行法为标准、纯法学意义上的区别不能充分展现历史语境，并且容易产生概念上的混乱，不利于对问题进行脉络性的把握。因此，本书拟对"社团单行法"界定范围适当扩展，凡由国民政府或者国民党中央颁布、内容指向单种社团的法律性文件，无论其名称为何，都视为社团单行法。

学界对于社团单行法的研究，最初是将国家法制视为社团发展的制度环境加以考察，属于社团史研究中的一部分，然后逐渐与法制史研究相融合。[②]

商会作为社团史研究的重点领域，其单行法研究开始最早，成果也是最多的。从20世纪80年代开始，朱英等学者就开始考察清末新政时期商会的成立与官商关系等问题，《奏定商会简明章程》是近代社团史中的重要法律文件，引起了学者的关注。[③] 朱英认为，该章程由清廷商部一手包

---

① 杜筼翊：《结社自由的法律规制》，博士学位论文，复旦大学，2012。
② 本部分主要回顾直接以社团单行法为主题的研究，此外还有大量关于社团的研究中含有涉及其法制的内容，限于篇幅此处不一一列举。
③ 朱英：《清末商会"官督商办"的性质与特点》，《历史研究》1987年第6期；王笛：《试论清末商会的设立与官商关系》，《史学月刊》1987年第4期；朱英：《清末商会的成立与官商关系的发展演变》，《社会科学战线》1990年第2期。

办，在一定程度上反映了清统治者试图以设商会而联商情、兴商务的愿望，也从各方面对商会作了原则性的强行限制。① 通过对近代最早一部社团单行法的研究，朱英的概括对于分析和理解国民政府时期的社团法制具有重要的提示意义。在对 1904 年商会章程和 1914 年商会法开展研究的基础上，朱英还研究了 1929 年商会法修订的动因和过程，认为在国民党推行商民运动、试图以商民协会取代商会的威胁下，商会为了解决严峻的生存危机，希望通过促成修订商会法以确保自身存在与发展的合法性。经过多方的博弈，特别是国民党在建立南京国民政府之后策略有所转变，最终新商会法的颁行使得商会随之安全渡过政治危机。②

高旭晨回顾了从清末到南京国民政府期间商会立法的基本过程，并论及 1929 年的《工商同业公会法》，认为《工商同业公会法》的颁布既为《商会法》的施行创造了必要条件，同时也将同业公会完全纳入了政府的监管之中，基本上完成了旧式行会的改造。③ 王静则认为，近代中国的制度改革体现了社会发展的主要趋势，商会法作为民间社团组织法的演进过程既是具有近代意义商人身份确立的过程，也是商人组织有序化的过程。④

王红梅对商会法制及其与法制近代化的关系作了一系列研究，并以《商会与中国法制近代化》为题完成了博士论文。她认为法制近代化是实现商人结社制度近代转型的关键因素，商会参与了中国法制近代化的过程，并在一定程度上起到了推进作用，但总体上改变不了中国法制近代化的艰难局面。⑤

魏静在其博士论文中讨论了清末以来商会法的演进，并与西方商会发展进行了比较，认为西方商会的发展属于诱致性制度变迁，中国商会变迁则属于强制性制度变迁。商会制度的确立并没有立刻使传统行会消亡，行

---

① 朱英：《清末商会"官督商办"的性质与特点》，《历史研究》1987 年第 6 期。
② 朱英：《二十世纪二十年代商会法的修订及其影响》，《历史研究》2014 年第 2 期。
③ 高旭晨：《中国商会制度的创立》，《环球法律评论》2002 年第 2 期。
④ 王静：《中国近代商会法的演进与影响》，《天津社会科学》2012 年第 5 期。
⑤ 王红梅：《中国近代商会法律制度研究》，硕士学位论文，华东政法学院，2004；《近代商会法律制度与中国法制近代化》，《社会科学辑刊》2007 年第 1 期；《商会与中国法制近代化》，博士学位论文，华东政法大学，2010。

会组织完成向近代同业公会组织的转变是内力与外力综合作用的结果，是诱致性变迁与强制性变迁交织的产物。①

谈萧认为，近代以来的商会法变迁过程中，官方介入民间社会的程度不断加深，官方治理逐渐成为民间社会治理的主要形式。这种官方介入既不同于前近代时期简约政府的粗放式治理，也不同于西方法制模式下的规范性治理，而是形成了一种以官方治理规则为主导，同时参酌民间规范的官治秩序。② 在商会法的实践中，政府与商界之间构成了"法制转型之政商新统"，演变成为新型的法律关系，形成由政府主导和控制的工商法律秩序。③

中国的工商同业组织有着悠久的历史，在近代也经历了深刻的变迁，组织上由传统行会转变为近代的同业公会，法制方面由传统习惯法转变为近代的国家法令。有多位学者对传统同业组织和近代同业公会的法制进行了研究。

高其才认为，中国行会习惯法具有浓厚的宗法色彩和地域性，其核心宗旨是维护行业的既得利益，习惯法随着行会的产生、发展而变化，一方面成为国家法律中的有机组成部分，另一方面又在国家法律之外构建了具有相对独立性的体系。④ 宋钻友研究了行会组织从会馆、公所到同业公会的制度变迁，认为民初以来政府为新式同业组织的推广和传统同业组织的嬗变提供了法律依据，促进了同业组织的现代化。⑤

朱英、魏文享围绕 1930 年南京国民政府组织召开的全国工商会议中的行规讨论一案，研究了行业习惯与国家法令之间的复杂关系，认为行业习惯通过国家法令的认可而获得权威性与合法性，同时国家法令的实施也需要得到行业习惯的支持。⑥

---

① 魏静：《商会法律制度研究》，博士学位论文，西南政法大学，2007。
② 谈萧：《商会法变迁中的治理秩序》，《商业研究》2011 年第 4 期。
③ 谈萧：《政商新统：近代中国商会法的实践意蕴》，《云南社会科学》2013 年第 3 期。
④ 高其才：《论中国行会习惯法的产生、发展及特点》，《法律科学（西北政法学院学报）》1993 年第 6 期。
⑤ 宋钻友：《从会馆、公所到同业公会的制度变迁——兼论政府与同业组织现代化的关系》，《档案与史学》2001 年第 3 期。
⑥ 朱英、魏文享：《行业习惯与国家法令——以 1930 年行规讨论案为中心的分析》，《历史研究》2004 年第 6 期。

魏文享研究了南京国民政府时期同业公会的政府治理，认为国民政府对同业公会的管理具有制约、授权与规范的多重效应。同业公会法律地位的确立有利于同业公会组织的系统性与规范性，政府所颁布的法规体现了政府对于同业公会在国家治理结构中的制度安排，既促进同业公会数量的增长，也健全和规范同业公会的治理结构，并增强了同业公会的自治权威性和法律合法性。同时，政府的管理方式又使同业公会面临多种冲突。[1]

王雪梅从习惯法的视角研究了从清代到民国工商同业组织行规的变化，认为清代由于国家商事法规的缺失，使得商事活动中以行规为主的商事习惯法起主要的规范作用；民国时期，随着法律体系的逐步完善和法治观念的加强，官方法制的权威性逐渐提升，习惯法虽然在商事领域中仍然有一定作用，但其地位逐步削弱。行规在法律合法性方面得到了政府一定程度上的认可和支持，但也受到了越来越严格的管理和约束，并向成文化、科学化、合理化的方向发展。[2]

马德坤以济南为个案，研究了民国时期政府对同业公会的监督与控制，认为政府部门采取了立法、行政和司法三条途径对同业公会的组织和活动进行监督和控制，逐步建构了一套立体式的管理体制。这种监控保证了政府对同业公会等社会团体的决定性领导地位，但也使得同业公会丧失了社会团体组织的自主性，束缚了其主观能动性的发挥。[3]

孙岩运用制度经济学和法律社会学的研究方法，对近代上海同业公会的业规进行了研究，其中探讨了同业公会相关的法律法规，认为同业公会法律制度是政府管理同业公会最直接、最微观的制度供给，在不同层面上对同业公会的业规产生了影响。[4]

杜询诚认为，近代上海钱业公会是以习惯法进行自我治理的同业组

---

① 魏文享：《制约、授权与规范——试论南京国民政府时期对同业公会的管理》，《华中师范大学学报（人文社会科学版）》2004 年第 4 期。

② 王雪梅：《从清代行会到民国同业公会行规的变化：以习惯法的视角》，《历史教学（高校版）》2007 年第 5 期。

③ 马德坤：《民国时期政府对同业公会的监督与控制》，《贵州社会科学》2013 年第 10 期。

④ 孙岩：《变迁中的均衡——民国上海同业公会业规研究》，博士学位论文，上海社会科学院，2016。

织，钱业公会所奉行的行业规则是公认的市场秩序规范。在弱政府的环境下，钱业公会的习惯法体现出西方学者所谓"第三方实施机制"的制度特征，可视为新制度经济学的一个典型案例。① 邹晓升从压力集团的角度，研究了上海钱业公会对1931年《银行法》的反对及另订《钱庄法》的请求。他认为，《银行法》的颁布在当时中国时机尚不够成熟，虽然另订《钱庄法》的请求因立法院的反对无果而终，但因钱业公会等社会各界的强烈反对，《银行法》也悬之高阁，表明在政府经济政策的制定和施行过程中压力集团的态度具有较大影响。② 李婧则从钱业习惯法的角度，研究了《银行法》颁布后与钱业习惯法的冲突，认为习惯法有其存在的合理性，能弥补国家法的缺陷，有助于实现社会法律多元化。③

除了商会、同业公会一类以企业业主为构成主体的工商业社团外，以工人为构成主体的工会则构成了另一类的工商业社团，对于以工会法为代表的劳工团体相关法制，学界也有较多的研究成果。张希坡对中国近代最早的工会法进行了考证，认为1922年孙中山在广州政府颁布的《工会条例》是我国第一部工会法。④ 饶东辉考察了民国北京政府的劳动立法，依据不同的法律文件及历史背景，将其分为酝酿、初创、修订三个阶段。⑤ 史探径回顾和分析了近代以来工会运动发展的历史和现状，并就工会立法中工会经费、法定罢工权、工会法的性质及其在法律体系中的地位等问题进行了探讨。⑥

周晓焱、张建华研究了1920～1940年代南京国民政府的工会立法，认为南京国民政府的工会立法是1920～1940年代工人生存状况恶化、劳资矛盾尖锐化、工人运动勃兴及国际国内社会舆论形成的压力与推力的结果，其立法过程中借鉴了北京政府和广东政府工会立法的经验，对中国的

---

① 杜恂诚：《近代上海钱业习惯法初探》，《历史研究》2006年第1期。
② 邹晓升：《压力集团的抗衡：1931年上海钱业公会请求另订〈钱庄法〉之争》，《社会科学研究》2008年第4期。
③ 李婧：《民国时期钱业习惯法与国家法的冲突——以三十年代银行立法为视角》，《法制与社会发展》2009年第1期。
④ 张希坡：《中国最早的工会法考辨》，《法学研究》1994年第6期。
⑤ 饶东辉：《民国北京政府的劳动立法初探》，《近代史研究》1998年第1期。
⑥ 史探径：《中国工会的历史、现状及有关问题探讨》，《环球法律评论》2002年第2期。

近代化产生了积极影响，在某种意义上反映了政府的政治意愿和民主程度。①

衡芳珍研究了南京国民政府时期颁布的《劳资争议处理法》和《工会法》，认为《劳资争议处理法》部分体现了劳资协调的原则，在一定程度上安定了生产秩序，而《工会法》虽然肯定了工人组织工会的权利及工会的团体契约权和同盟罢工权，但也表现了南京国民政府有控制工会和工人运动的倾向。②

农会法制相对而言受到关注较少，学界也有一定研究成果。周晓焱、李精华研究了南京国民政府的农会立法，认为农会立法没有切实考虑到当时农村的实际，未能从实质上对农村存在的弊端进行改革，因而农会组织在很大程度上被南京国民政府当作基础统治的工具，对推动近代中国农业发展的作用是有限的。③

衷海燕、唐元平对近代农会的相关法制进行了考察，并从近代乡村治理的角度分析了农会立法的理念和实践，认为农会立法演进的历程在一定程度上彰显了政府对农民结社自由与自治管理权的肯定和推动。④

3. 社团法制的综合性研究

在结社权法制和社团单行法研究的基础上，近年来学界开始出现对社团法制的综合性研究。

卜志勇以《近代中国社会团体法律制度研究》为题完成了博士论文，对近代从晚清至南京国民政府时期的社团法制进行了研究，考察了法制产生和发展的历史背景、指导思想、立法体系、立法水平等，对近代中国社团法律制度的主要特点进行了概括，并分析了其积极意义与不足。他认为，"近代中国社团立法大致经历了一个立法数量由少到多，立法水平由

---

① 周晓焱、张建华：《1920～1940 年代南京国民政府的工会立法研究》，《西南政法大学学报》2010 年第 2 期。

② 衡芳珍：《劳资协调下的南京国民政府〈劳资争议处理法〉》，《天中学刊》2012 年第 5 期；衡芳珍：《南京国民政府〈工会法〉述论》，《河南理工大学学报（社会科学版）》2012 年第 3 期。

③ 周晓焱、李精华：《南京国民政府的农会立法研究》，《西北农林科技大学学报（社会科学版）》2011 年第 1 期。

④ 衷海燕、唐元平：《近代中国农会立法之演进及其乡村治理之价值判断》，《南京农业大学学报（社会科学版）》2012 年第 3 期。

低向高，法律体系逐渐完备，社团运作趋向规范的发展过程"，"南京国民政府时期制定了大量的社团法律法规，体系庞大，内容广泛，涉及各类社团及社团组织监督管理的各个方面，立法技术也有明显提高"。①

陈志波对晚清至民国的社团法制进行了持续性的研究，发表了一系列研究成果，并以《南京国民政府社团法制研究》为题完成了博士论文。他认为，南京国民政府具有通过立法建立社团主义国家的强烈意愿，但此时的国家与社会关系仍然处于调整和磨合的不稳定状态，这种全面控制社会的努力受到源自内在体制和外在时局的多重影响和制约。②

宫炳成从民众运动控制的视角研究了南京国民政府的社团政策，并以《南京国民政府社团政策与民众运动控制（1927～1937）》为题完成了博士论文。他认为，南京国民政府试图建立较为有效的社会控制机制，对民众团体予以监督和控制，将其纳入国家体系，以满足国民党的统治需要。南京国民政府对社团的各种管制都是以控制为目的，试图通过控制社团进而控制社会。从大历史的角度来看，这既是一种国家推行社会控制的方式，也是政府运用现代管理方式治理社会的一种尝试，同时也是一种对基层社会的改造和重构。南京国民政府实施的社团政策在某种意义上符合现代国家管理的趋势，并取得了一些成效，但由于多种因素的影响远未达到通过社团控制民众的目的，党民关系渐呈疏离之势。③

魏文享对国民党民众组训体系中的社团制度进行了分析。他认为，国民党执政后，其民众运动方针也由"运动"转向"组训"，具体方案是在党内设立民众训练委员会，颁布系列党内规章及政府法令，构建起以职业和社会团体为中心的民众组训体系。这些党规直接体现了国民党试图重构党民关系的政治意旨，政府将之以国家法律形式予以推进，但因党规与国

---

① 卜志勇：《近代中国社会团体法律制度研究》，博士学位论文，中国政法大学，2011。
② 陈志波：《晚清民初社团法制的演进探略》，《绵阳师范学院学报》2008 年第 3 期；陈志波、闭雄壮：《比较视野中的近代中国民间社团法制》，《河池学院学报》2009 年第 6 期；陈志波：《清末民国社团法制比较研究及启示》，《广西社会科学》2010 年第 12 期；陈志波：《国家与社会关系视野下的南京国民政府社团法制》，《广西社会科学》2011 年第 3 期；陈志波：《南京国民政府社团法制研究》，博士学位论文，苏州大学，2014。
③ 宫炳成：《南京国民政府社团政策与民众运动控制（1927～1937）》，博士学位论文，吉林大学，2012；宫炳成：《南京国民政府社团政策述论》，《长春师范大学学报》2014 年第 7 期。

法的表达重点存在差异，党政之间组织及主义的传导存在落差，组训体系的内在矛盾难以解决。国民党虽试图通过社会部改隶、强化党部督导等办法来加以调适，但效果并不理想。①

除上述研究外，对于当代中国的社团法制研究涉及了国家现行政策的导向，因此也是学术界比较关注的话题，其中一些研究为本书提供了理论和方法方面的借鉴，限于篇幅在此不做具体内容的罗列。②

从总体上看，关于社团法制已有的研究，基本上可以视为沿着社团史到社团法制史的路径逐步拓展的过程，在记录史实方面做了一定程度的挖掘，对于法律文本、法律体系等内容做了研究，对于相关的历史背景也有所关照，展示了该研究对象的大体面貌。令笔者略感不足的，主要有以下几个方面的问题。

（1）研究的角度偏于社团本身。社团史的研究成果中，涉及比较多社团法制的内容，但是一般而言，社团史的研究主要焦点在社团自身，并且一般是从社团角度关注市民社会的成长、公共权利意识的觉醒等问题，研究社团法制的出发点是考虑社团的制度环境，而较少关注政府层面的因素。法律表达了统治阶级的意志，法制的本质是政府行为，国家相关法制是社团发展的重要制约因素，虽然在社团法规的制定和实施中社团的态度和主张也有重要的参考价值，但恐怕并不能在立法实践中起到决定性的作用。

国民政府时期的社团法制构建是一种非常典型的人为设计，法制的发展贯穿始终体现了制度的强制性变迁。已有研究中，对于社团法制的形成过程以及其文本内容所体现的国家意志等问题虽然也有所涉及，但总体上

---

① 魏文享：《"党规"与"国法"：国民党民众组训体系中的社团制度分析》，《华中师范大学学报（人文社会科学版）》2014年第2期。

② 当代社团法制的相关研究可参见信春鹰、张烨《全球化结社革命与社团法制》，《法学研究》1998年第3期；吴玉章：《社团与法律》，《环球法律评论》2002年第2期；刘培峰：《国际范围内社团法制的成就与问题》，《环球法律评论》2002年第2期；陈斯喜、吴国舫：《我国社团法制的现状与展望》，《行政法学研究》2003年第4期；盖威：《市民社会视角的中国社团法制研究》，博士学位论文，复旦大学，2010；苏丽芬：《我国社会团体的法律问题研究》，博士学位论文，山东大学，2010；邓正来、丁轶：《监护型控制逻辑下的有效治理——对近三十年国家社团管理政策演变的考察》，《学术界》2012年第3期；等等。

来说并不是关注的重点，对于立法主体层面的研究略显欠缺。

（2）研究的对象偏于社团的单行法。社团法制既包括对社团实施总体约束的一般法，也包括各种不同类型的社团单行法。目前社团单行法的研究已经有了相当的深度，但对社团法制总体性的把握相对比较缺乏。从宏观角度来看，已有的社团单行法研究是相当零散的，呈现了部分"碎片化"的状态。社团史的研究已经表明，各种社团彼此之间具有复杂的共同性和相异性，研究社团法制虽然可以归纳其共性，但建立在复杂个性基础上的共性必然也是复杂的，需要多方面地考察。已有研究对共性问题多只有较为松散的框架，对于社团法制整体脉络的梳理有所不足。相对社团单行法的研究而言，社团法制总体性的研究在实证性方面有所欠缺，一些结论略显空泛、笼统，缺乏足够的资料支持。

（3）研究的思路和方法中"历史性"有待加强。已有的研究成果在结构上多采取专题式，提供了阅读归纳方面的便利，但相对而言历史感比较薄弱，不利于在时间线索上把握社团法制的发展过程。同时，已有研究对法律文本上的变迁关注较少。国民政府时期的社团法制在短短十余年前后经过了不同阶段的发展历程，有多部社团单行法规经过了反复多次的修正，无论是修正的动因、过程、结果还是修正文本的前后对照，都在一定程度上体现了历史演进的曲折和复杂。

（4）国民革命时期的相关研究尚显不足。南京国民政府时期是民国史的研究重点，而广州国民政府以及国民革命期间过渡性的武汉国民政府相对而言受到的关注要少得多。从社团法制的角度而言，南京国民政府时期的社团政策固然与国民革命时期有明显差异，但也是脱胎于广州国民政府时期的一系列政策，如果对广州国民政府时期的社团治理缺乏应有的重视，将难以理解国民革命结束后南京国民政府推行社团法制的历史逻辑。

四　研究思路

法制史是法学与史学的交叉学科。法学研究偏重于解释，而史学研究偏重于记录，记录功能可以视为"知其然"的过程，而解释功能则起着"知其所以然"的作用。本书希望在目前研究的基础上对社团法制的深度、广度加以拓展，在深度方面结合对社团单行法的研究，广度方面结合多学科特别是法学和社会学的理论方法，对国民政府社团治理的构建历程进行分析，对法制发展变迁的历史脉络加以探索。

本书在历史基本脉络的基础上，以时序结合专题，根据国民政府社团法制在不同历史阶段所表现的特征，对社团治理的发展过程进行考察，研究分为六章。

第一章探讨清末民初近代社团法制的缘起及初期形态。在中国漫长的专制统治时代，统治者对于民众的合群结社一直有所顾忌，清代中前期也延续了对政治性结社严厉镇压的传统。晚清以来，传统社会群体组织出现了明显分化和转型，戊戌期间出现了近代社团活动第一次高潮。清末新政时期，清政府在内外交困的局面下，为士农工商"四民"制定了相应的结社章程，并先后颁行了《结社集会律》和《钦定宪法大纲》，通过宪法和法律的形式确认了臣民的结社权，从而为中国近代的社团治理初步奠定了大致框架。民国初年是传统向近代过渡的重要时期，由于政权更迭频繁，北京政府对于到底应采取何种策略来应对民间社团的不断发展并没有一贯的主导方针，社团法制虽然在规模方面继续扩展，但是总体上来看缺乏协调性，各种零散的社团法规难以形成具有内在逻辑的系统结构。

第二章主要分析了国民革命前后广州国民政府所建立的革命化社团治理机制以及该机制在革命中的剧烈变化。1920年代，中国基层民众的主体意识开始觉醒，南方的国民党政权从苏俄引进了党军、民众运动等一整套革命方法，国共两党进行合作，确立了"党治"的政治体制。在苏式民众运动理念的指引下，广州国民政府制定了带有革命色彩的社团法规，将民众分门别类地加以组织，社团从此开始被纳入了政党体制的轨道中。随着革命的进展，国共的分裂造成社团间的激烈冲突，社会秩序失控。

第三章探讨南京国民政府成立后对于社团治理的初步重建。在新的党治策略下，国民党中央对社团政策进行了调整，试图以法制化的"人民团体"取代从前革命化的"民众团体"，将社团从革命时期政治运动的组织转向建设时期民众训练的平台。由于新政府的立法机构迟迟未能就绪，社团的组织活动无法可依，国民党中央只能在民众训练理论的基础上不断发布各种政令、制定各种方案办法来加以应对，并逐步对社团开展大规模的"整理"，重新规范社团的组织系统，对社团治理进行重建。

　　第四章分析南京国民政府社团法制体系的形成。经过多年的立法实践，国民政府在党务系统层面和政府层面双管齐下，制定了一系列关于社团的法规文件。在"党治"模式下，这些社团法规根据实施民众训练的需要，通过党政二元运行机制的整合，形成了复杂的社团法制体系。

　　第五章分析南京国民政府社团法制体系的主要功能。通过系统性的社团治理架构，南京国民政府对各种社团组织进行了整合和规范，并对社团事务进行介入和干预，通过对社团人事、经费、活动程序等各方面的建章立制，试图按照国民党的政治路线来引导社团的发展方向。

　　第六章探讨南京国民政府社团法制体系的特征。在日本侵略的阴影下，南京国民政府的政治方略越来越急于为战备服务，试图通过社团动员和组织民众，使得社团治理总体上趋向于社团统制；由于政治主导性和系统复杂性并存，社团法制体系内部缺乏应有的稳定，在实施过程中呈现明显的结构性缺陷。

　　鉴于社团法制现象的复杂性，难以全面展开一一论及，本书主要关注国民政府在社团法制体系构建过程中的政府行为。虽然在讨论部分问题时，也会略有论及民间社会在社团法制实施过程中的反馈，但并非本书重点所在。本书的资料以国民政府公报、立法院公报、国民党代表大会资料、国民党中央执行委员会常务会议记录等官方文件为主，也使用了部分报刊、档案、资料汇编、文集等材料。本书主要以广州国民政府和南京国民政府的社团法制为对象，不涉及中共革命根据地等其他政权。

　　本书对于一些包含文字较多的名称和概念使用了约定俗成的简称，如国民党"全体会议"称为"全会"、"常务会议"称为"常会"等，文中不再一一说明。

　　本书参考了大量已有研究的成果，并力争在其基础上有所创新。对于部分已经有过较多关注和讨论的问题，本书尝试从不同角度做出具有某种新意的诠释。希望通过本书的研究能从有限的角度管中窥豹，为考察中国近代社团治理的演进历程贡献微薄之力。

第一章　清末民初社团法制的初步发展

中国的传统社会中有着多样化的结社组织，其中政治性结社由于对君主统治的权威性有明显影响而受到严禁，清代中前期也延续了对政治性结社严厉镇压的传统。晚清以来，传统中国的社会结构发生了不可逆转的深刻变化，中国民间社会中的传统群体组织出现了明显分化和转型，群学的兴起促进了新型知识分子团体的涌现，戊戌期间出现了近代社团活动第一次高潮，对近代社团法制的产生起到了催化作用。清末新政时期，清政府为士农工商"四民"制定了相应的结社章程，并先后颁行了《结社集会律》和《钦定宪法大纲》，通过宪法和法律的形式确认了臣民的结社权，从而为中国近代的社团治理奠定了大致框架。民国初年是传统向近代过渡的重要时期，其伊始就确定了"结社自由"的法律基调，结社权作为近代人权的重要内容得到了根本大法的保证。由于政权更迭频繁，缺乏稳定性的北京政府面对民间社团的不断发展缺乏一贯的治理策略，而多限于被动应付，尽管社团法制在规模方面继续扩展，但是总体上缺乏协调性，各种零散的社团法规难以形成具有内在逻辑的系统结构。

第一节　清末新政时期社团法制的探索

中国的传统社会是以血缘为基础的宗族乡党和以业缘为基础的士农工商"四民"混合而成的"四民社会"，各种结社多样化地存在于"四民社会"中。在传统专制统治下，国家对于民间结社依其性质加以区别对待，其中带有政治性的结社活动受到国家刑律的严厉镇压。晚清以来的中国社会被卷入近代化浪潮，家国体制趋向瓦解，近代社团逐渐发展壮大，形成了新的社会力量。清末新政期间，清政府为了将社团纳入国家统治体系中，颁布了一系列的社团法令规章，完成了"四民"社团由自发团体向法定团体转变的过程，其官方主导式的立法思路和立法设计确定了中国近代社团治理的基本框架。

一 清政府的结社禁律及其困境

钱穆先生认为，"一个国家，必该有它立国的规模与其传世共守的制度"。① 中国有着悠久的历史，中国的传统社会与近代的工商经济社会有着不同的社会组织架构，"中国社会之最特殊处，便是在中国社会中同时有士、农、工、商之四民。若我们必为中国社会定一名称，则不如称之为'四民社会'，较为合宜"。② 近代化之前的中国，是一个建立在农耕经济基础之上，以宗法体制为核心架构、以士农工商为职业分群和身份定位的"四民社会"，其社会连接纽带以血缘关系为主，地缘、业缘关系为辅。随着社会的发展和分工的精细化，传统社会在士农工商四民分业的基础之上出现了各种各样的民间社团，陈宝良先生根据传统结社的不同功能，将其分为政治型、经济型、军事型、文化生活型四类，其中政治型社团有朋党、会党，经济型社团有合会、善堂、行会，军事型社团有义社、团练，文化生活型社团有诗文社、讲学会、宗教结社等，③ 这种分类方法大致反映了传统中国社团的面貌。

结社在传统社会中虽然广泛存在，但没有得到国家法制的普遍保护，历朝历代的统治者根据民间结社的不同性质而采取了差异化的对待方式，有弛有禁，并没有统一的法律尺度。相对而言，传统专制集权体制对于经济类结社具有一定的容忍度，而政治性结社则属于法令严禁之列。清王朝以少数民族为政权主体，其统治者在治理国家的过程中始终面临着满汉之间的民族矛盾。为了能够实现有效的统治，清朝中前期对政治性结社采取严禁，以削弱汉人合群反抗的基础，维护满族优势地位。其相关法令主要体现为《大清律例》中的"奸党"律和"谋叛"律下的结拜会盟例文，两罪分别以官员和民众为对象，对结社行为加以严厉惩处。

"奸党"律沿袭自《明律》，规定"若在朝官员交结朋党、紊乱朝政

---

① 钱穆：《中国历史研究法》，生活·读书·新知三联书店，2013，第17页。
② 钱穆：《中国历史研究法》，生活·读书·新知三联书店，2013，第41页。
③ 参见陈宝良《中国的社与会》，浙江人民出版社，1996。

者”一律处斩，妻子为奴并没收财产。① 该律文的核心为防范官员结交朋党，以免损害以君主为核心的统治秩序；“谋叛”律下的结社会盟例文则是清政府镇压民间会党的主要法律依据。“谋叛”律名也是沿袭自明律，但明律中该罪名的条文中并没有关于民间结社的内容，清律在“谋叛”律下加入了关于结社会盟的例文，并且经过前后多次修订，重点打击以异姓结拜为形式的政治结社。

清律整体上沿袭明律，结社禁律具体内容有所不同，但仍然符合明律“严刑峻法”的特色，其相比明律的修订更加趋于严酷。结社禁律对于清初稳固统治起到了一定作用，但这种单纯严禁的政策使得民间正当的结社需求受到压抑，反而刺激了秘密结社行为，特别是自清代中期起，中国社会内部的结构性危机从积累进入爆发阶段，大量汉族民众加入会党，各种反清运动此起彼伏，严重威胁了清朝的统治秩序。

鸦片战争打开了中国的国门，使得中国开始被动进入国际市场体系中。随着西方国家工商资本主义经济力量的侵入，中国传统的农耕经济模式开始逐步瓦解。根据已有研究，以1885年前后为转折点，清政府的财政收入已经由以往田赋占绝对多数逐渐转变为工商税占绝对多数，“由农业税为主体的税收结构逐渐过渡到以工商税为主体的税收结构”，② 农业在传统社会形态中的根本地位已经动摇。在新的经济因素和思想观念影响下，传统的社会组织难以再维持原貌，“四民”结构随之分化而出现了买办、产业工人等新型社会群体。原有的士商阶层也开始向近代知识分子和近代商人转换，新的群体意识开始形成，结社观念在“群学”的旗帜下重新开始萌动。

学界对于“群学”及戊戌学会的关系已有相当的研究，认为“群学”对于戊戌时期近代社团的产生有直接的推动作用。③ 在此值得注意的是，

① 《奸党律文》，马建石、杨育棠主编《大清律例通考校注》，中国政法大学出版社，1992，第368页。

② 参见邓绍辉《晚清财政与中国近代化》，四川人民出版社，1998，第99页。

③ 可参见陈旭麓《戊戌时期维新派的社会观——群学》，《近代史研究》1984年第2期；王宏斌：《戊戌维新时期的“群学”》，《近代史研究》1985年第2期；陈树德：《“群学”译名考析》，《社会学研究》1988年第6期；虞和平：《西学东渐与中国现代社团的兴起——以戊戌学会为中心》，《社会学研究》1997年第3期；姚纯安：《清末群学辨证——以康有为、梁启超、严复为中心》，《历史研究》2003年第5期等研究成果。

严复译介《群学》时所指的"群"与康、梁维新派宣传的"群"严格来说不是一个概念，康、梁维新派组织社团的理论依据实际上是一种"结社学"，而不是严复原创的"群学"。在康、梁等人的诠释下，维新派将"群学"所关注的重点从社会的整体性转向了结社的正当性，把社会学变成了"结社学"。康有为提出，"一人独学，不如群人共学；群人共学，不如合什佰亿兆人共学"，"学则强，群则强"。① 梁启超则称："道莫善于群，莫不善于独……欧人知之，而行之者三：国群曰议院，商群曰公司，士群曰学会。"② 谭嗣同也认为，士农工商各业结社立会均有裨益："士会于庠而士气扬，农会于疆而农业昌，工会于场而工事良，商会于四方而商利孔长。"③ 这些言论中"群"的意义已经转向了结社立会，其概念有意无意地产生了偏移。陈旭麓先生即指出，康有为等人"是借西方的社会学来发挥自我群学观念，已不是西方社会学的原型"。④

康、梁版的"群学"由"群"引申至学会，继而推广到农工商业各业，提出各业都应该结社立会，并以此频频向光绪帝建言。1895 年 6 月，康有为在《上清帝第四书》中指出，各国列强有非常发达的社团组织，"言矿学有矿学之会，言农学有农学之会，言商学有商学之会，言史学有史学之会"，不但各业有会，而且能有效补充政府权能的不足，"盖政府之精神有限，不能事事研精，民会则专门讲求，故能事事新辟"。⑤ 1898 年 1 月，康有为在《上清帝第六书》中，继续以"泰西"为例证，建议广泛结社立会："泰西政艺精新，不在于官，而在于会，以官人寡而会人多，官事多而会事暇也。故皆有学校会、农桑会、商学会……宜劝令人民立会讲求"⑥。

① 康有为：《上海强学会后序》，康有为撰，姜义华、吴根梁编《康有为全集》第 2 册，上海古籍出版社，1990，第 22 ~ 24 页。
② 梁启超：《论学会》，《梁启超全集》第 1 册，北京出版社，1999，第 26 ~ 28 页。
③ 谭嗣同：《治事篇第三·学会》，谭嗣同撰，何执编《谭嗣同集》，岳麓书社，2012，第 399 页。
④ 陈旭麓：《戊戌时期维新派的社会观——群学》，《陈旭麓学术文存》，上海人民出版社，1990，第 383 页。
⑤ 康有为：《上清帝第四书》，郑大华、任菁编《强学——戊戌时论选》，辽宁人民出版社，1994，第 40 页。
⑥ 康有为：《上清帝第六书》，第 62 ~ 68 页。

维新派以"群学"相号召，组织各种学会积极开展政治、经济等方面的活动，对社会风气产生了积极影响，对结社禁律则形成了挑战。由于清朝长期奉行结社禁律，士大夫阶层不敢合群讲求学问，造成社会风气的闭塞和新知识的贫乏，康有为认为，"思开风气，开知识，非合大群不可，且必合大群而后力厚也，合群非开会不可"。① 结社禁律是"合群"的巨大障碍，康有为认为禁律本是清初时势所需，已经时过境迁，不应再继续沿用："明季贰臣，入仕国朝，畏人议之，故严其禁。今非其时，岂可复缘其误哉？"② 结社禁律本是清朝历代皇帝意志的体现，而康有为却归于"明贰臣"所为，应属一种技术上的策略，试图借此绕过"祖制"的障碍。

面对严禁结社立会的现实，康有为抱着"上不为倡，下不敢为，会若不开学亦无成"③ 的信念，一边上书光绪帝倡导结社立会，一边积极在京城付诸实践。先后组织强学会和保国会，虽然都因保守派的攻击而夭折，但为中国近代结社的兴起打开了风气，奠定了基础，在视党会为"蛇蝎"的社会环境中起到了振聋发聩的作用。诚如梁启超所言"破数百年之网罗，而开后此之途径"。④ 时论即认为，允许民间设立"公会"是"开民智"的要旨之一，"中国不乏有志之士，特患声气不通，见闻孤陋，不能得友朋之辅助，相与有成。西国之人，深知集思广益之有用，堪以造就人材，故特准民间设立艺学之会……今中国亦应仿行此法，特准民间设会。凡属有益于国计民生者，皆不在禁止之列"。⑤

强学会被封后，结社之风并未消泯，各地以知识界为主纷纷组织了类似的社团，至1898年戊戌变法时期达到高峰。其间全国各地出现了数十个学会，结社范围之广、人数之多、影响之大为有清一代前所未见。在学会广兴的热潮中，1898年6月11日，光绪帝发《明定国是诏》，正式启

---

①　康有为：《康南海自编年谱》，中国史学会主编《中国近代史资料丛刊·戊戌变法》第4册，上海人民出版社，1957，第133页。

②　康有为：《上清帝第四书》，《强学——戊戌时论选》，第40页。

③　康有为：《上清帝第四书》，《强学——戊戌时论选》，第40页。

④　梁启超：《康有为传》，中国史学会主编《中国近代史资料丛刊·戊戌变法》第4册，上海人民出版社，1957，第10页。

⑤　《论开民之智五续前稿》，《申报》1895年9月7日，第1版。

动变法，并在百日维新的短暂历程中陆续颁布了上百条变法诏令。这些诏令中没有直接涉及政治结社的合法性问题，但在经济类的变法内容里则明确提及了商会、农会等经济类社团事项。

7月4日，光绪帝下诏，赞扬"上海近日创设农学会，颇开风气"，令刘坤一"查明该学会章程，咨送总理各国事务衙门，查核颁行，其外洋农务诸书，并着各省学堂广为编译，以资肄习"。① 这份诏书是对上海农学会的高度肯定，俨然将其作为农业社团的榜样。7月25日，光绪帝令两江总督刘坤一、湖广总督张之洞"试办商务局事宜"，并研究"应如何设立商学、商报、商会各端"，8月21日，光绪帝再次发布上谕，令在京城设立统管农工商事务的机构农工商总局，同时"各省设立分局，各省府州县皆设农务学堂，广开农会"，并明确要求将开办农会列为各省农工商分局的事务性工作，并且与其他商务、工务事宜一起，"统归农工商总局大臣随时考察"。② 8月29日又一次催促刘、张等督抚迅速筹办商务局和商会相关事宜，"商会即商务之一端，着刘坤一等，归案迅速妥筹具奏"。③

光绪帝颁布的这一系列诏令对组织农会、商会以发展农商业寄予了很高的期望。虽然限于当时的历史环境，光绪帝并没有明确提出以立法对经济类社团加以保护，但在皇帝"口衔天宪"的年代，这些旨意就已经明确表示了对农会、商会合法地位的认可。

戊戌变法在以慈禧太后为首的实权派发动政变后即告失败，在政变后的清算中，维新派结社被列为"结党营私，莠言乱政"的罪状。④ 10月11日，慈禧太后下旨查禁全国各类结社："联名结会本干例禁，乃近来风气往往私立会名，官宦乡绅罔顾名义，甘心附和。名为劝人向善，实则结党营私，有害于世道人心实非浅鲜。着各直省督抚严行查禁，拏获入会人等，分别首从按律治罪，其设会房屋封禁入官。该督抚务当实力查办，毋得阳奉阴违，庶使奸党寒心而愚民知所儆惧。"⑤ 这道旨意是对变法期间

① 梁启超：《戊戌政变记外一种》，上海古籍出版社，2014，第29页。
② 《德宗景皇帝实录》，《清实录》第57册，中华书局，1987，第539～540页。
③ 梁启超：《戊戌政变记外一种》，上海古籍出版社，2014，第41页。
④ 朱寿朋编《光绪朝东华录》，中华书局，1958，总第4203页。
⑤ 朱寿朋编《光绪朝东华录》，中华书局，1958，总第4221页。

结社政策的全面否定，将所有的"联名结会"一概纳入打击范围，并且连带对支持结社、同情变法的"官宦乡绅"也一并加以指责，可谓是清政府结社政策的严重倒退。

清廷治理策略的倒退激起了地方实力派督抚的不满。11 月 16 日，两江总督刘坤一上疏，对一概查禁结社提出异议，要求对农商经济类社团予以区别对待："臣愚以为朝廷之意，特指士大夫言，诚不宜动辄设报、设会，以逞臆说而植党援。至于农学会、农学报，商学会、商学报，实所以联络群情，考求物产，于农务、商务不无裨益，似不在禁止之例。可否仰恳特旨，准其设报、设会，或即由臣出示晓谕，以免农商有所疑畏，仍不准其妄议时政，以杜流弊。"① 12 月 8 日，清廷颁布上谕，同意刘坤一的意见，称："前禁报馆、会名，原以处士横议其风断不可开，至于农商人等联络群情，考求物产，本系在所不禁。"②

清政府对经济类社团网开一面，但仍然以"不准其妄议时政"为限，知识阶层的政治结社陷入短暂低潮。然而，清王朝的统治已经日见衰微，虽然公开的政治结社一时被镇压，结社立会的观念却已潜入人心，传统结社禁律的公信力也已无形中产生动摇。虽然政变后清廷以结社禁律为依据对各种社团加以查禁，但迫于发展实业的形势需要又不得不承认农商结会不在禁止之列，这就形成了法律适用上的矛盾：结社行为的合法抑或非法不再遵循统一标准，而是因事而异，依靠上至皇室、下至地方长官的意志做主观判断，以行政命令来决定，这样模棱两可的执法显然难以服众。同时，朝廷对公开结社的压制进一步刺激了秘密会社的发展，民间会党的活动愈演愈烈，北方的秘密结社最终形成了义和团运动，而南方的会党则与孙中山宣传的民族革命紧密结合，并在传统"反清复明"口号的基础上发展为"排满"的民族革命主张，清政府的统治基础开始急剧恶化。经过庚子之役后，大清王朝已经摇摇欲坠，为了挽救危局，清政府被迫宣布实行新政，具有近代意义的社团法制也在新政期间应运而生。

---

① 刘坤一：《农商报馆会名不在禁例片》，中国科学院历史研究所第三所工具书组校点：《刘坤一选集》第 3 册，中华书局，1959，第 1067～1068 页。

② 《湖北商务报缘起》，《湖北商务报》1899 年第 1 期，第 3 页。

二　清末新政时期社团法制的出台

1900 年的庚子之役使得大清王朝颜面无存，面对战后的满目疮痍，以慈禧为首的清廷统治者终于下定决心变法图强，开始推行"新政"。清末新政不再是单纯以求富为目标的经济改革，而是涉及政治、教育、军事等各方面的全方位变革。清政府自上而下推行新政，与民间社会已有的变化结合互动，推动中国社会加速由传统农业社会向近代工商业经济社会转变。虽然新政期间政权并未更迭，但国家体制、组织架构、行政职能都发生了根本性变化，对严禁结社的政策也逐渐松动，具有近代意义的新型社团法制在清政府的一系列新政举措中迎来了诞生的契机。

自 1904 年起，清政府先后颁行了多部社团章程，包括商会、农会、教育会、工会等职业团体在内，又颁布了具有结社一般法性质的《结社集会律》，并且在宪法性文件《钦定宪法大纲》中规定了结社权的内容，与四民社团的章程相对应，构成了社团法制的雏形。

在众多的社团法规章程中，最先出台的是商会章程，意味着清政府首先向商人开放了结社权。商人社团的优先地位主要与朝廷的财政危机有关，巨额的庚子赔款使得国家财政亏空，朝廷急于广辟财源，因此在清末新政期间将工商业发展置于传统王朝体制下前所未有的优先高度。戊戌时期清政府已经开始了商务局等农工商专业机构的建设，而至清末新政时期，商务局已经运作了数年，但效果并不理想。朝廷高官中精通商务的盛宣怀也指出，商务局虽已开办多年，"但局为官设，仍用候补人员，不用商董，未免官与商视同秦越，商情甘苦终难上达于官。以视各国商会用意，大相悬殊"。盛宣怀极力主张设立商会，"窃维中国商业之不振，大率由于商学不讲，商律不谙，商会不举。而三者之中，尤以创设商会为入手要端"。①

鉴于商务局办理不力，清政府最终采纳了朝野各方设立民间会社的建议，开始转向发掘民间力量。为了能够事有专责，清政府首先从朝廷的机

---

① 《光绪二十八年九月盛宣怀、张之洞会奏上海设立商业会议公所折》，上海市工商业联合会、复旦大学历史系编《上海总商会组织史资料汇编》上册，上海古籍出版社，2004，第 46 页。

构变革开始，于 1903 年 9 月成立了商部，旋即由商部主持，下大力气在全国推广商会。清末商人力量的发展，商会从无到有，从酝酿组建直至颇具规模，都与官方的主导有着密不可分的关系。如果没有来自商部的明确许可和直接支持，很难想象商会能够如同雨后春笋一般在全国四处涌现。

在清廷商部的主持下，商会等各种经济类社团的章程应运而生，1904 年 1 月商部颁布了《奏定商会简明章程》，明确鼓励和支持商人组织商会，使之成为跨行业、综合性的"众商之脉络"，集合商界群力，以协助商部"保护商业，开通商情"。① 此为近代中国第一部由政府颁行的社团组织法规，标志着统治者对于民间的工商业结社改变了一贯的放任政策，开始根据社团的性质将其纳入国家法制范围内加以引导和控制。《奏定商会简明章程》公布后，商部还于 1904 年底制定了《商部接见商会董事章程》，其中规定商部设商会处一所，专门用于接待商会董事到部讨论商务事宜，"商会处专为商会而设"，② 从而使得商会能够直接与中央政府部门建立密切联系，开辟了近代社团直接与国家最高权力中枢对话的通道，标志着民间社团的法律地位有了极大程度的改善和提高。

在支持商人社团的同时，清政府也没有忽视农业。1906 年 11 月，清廷商部在官制改革中与工部合并，成立了农工商部，将农工商实业全部归口到一个部门管理。1907 年，农工商部颁布了《奏定农会简明章程》，是为近代首部关于农业社团的法规。该章程将筹办农会视为"整理农业之枢纽"，对农会的机构、人员、经费、职能等各方面作出了规定。③ 此后，农工商部又在 1911 年照葫芦画瓢地颁布了《奏定工会简明章程》，④ 给予工会⑤合法地位，以求在农工商三业中寻求平衡，这些经济类社团章程使得传统四民中的农工商都有了相应的结社组织。

对于原居于四民之首的"士"，因长期以来士人结社往往带有鲜明政

---

① 《奏定商会简明章程》，《东方杂志》1904 年第 1 卷第 1 期，第 204～211 页。
② 《商部接见商会董事章程》，《东方杂志》1904 年第 1 卷第 11 期，第 133～135 页。
③ 《奏为酌拟农会简明章程折》，《顺天时报》1907 年 11 月 3 日，第 5 版。
④ 《农工商部奏定工会简明章程》，《福建商业公报》1911 年第 14 期，"法令"，第 1～3 页。
⑤ 此时的"工会"所指为工业主的团体，与 1920 年代工人运动兴起之后的工人协会概念不同。

治性，戊戌学会中的政治社团更是干犯结社禁律，清政府对于这类结社持谨慎态度，不敢轻易放开。随着新政推行，科举废止，士人阶层的身份地位已经发生变化，逐渐形成近代化的知识分子。1906 年 7 月，清廷学部颁行了《教育会章程》，试图以"教育会"代替传统的"学会"，将知识界社团的活动焦点由政治引向教育事务。该章程明确规定教育会的宗旨为"期于辅助教育行政，图教育之普及"，并且禁止"徒袭用教育会之名，并不设研究所以求学问"以及"干涉教育范围以外之事，如关于政治之演说等"。[①] 时人指出，朝廷之所以准设教育会，很重要的一点就是试图改变以往学会的政治性倾向："当时集会演说方为时忌，禁之不可，听之不能，于是以教育二字为范围，使有制定之法令为之闲检，设一教育会即以消除各种学会。"[②]《教育会章程》的设计既向知识阶层放开了结社权，又将知识阶层的社会资源导向扶助政府改良教育，同时暗含消泯政治结社之意，可谓用心良苦。

如果将教育会视为传统士人结社的一种变型，则清末新政期间，对于传统的"士农工商"四民颁行了四部相对应的职业团体章程。这些章程如果以现代标准来衡量，其效力充其量只是部门规章，显然没有《大清律例》这种国家"正典"的地位高。在颁行这些章程同时，《大清律例》中的结社禁律依然存在，而在清末新政的特殊背景下，正是依靠这样的部门章程，在刑律并未解禁的同时另外开辟了近代社团法制的新路径。

在社团章程的基础上，1908 年 3 月，清廷宪政编查馆会同民政部制定了中国近代第一部关于结社权的专门法规《结社集会律》。在该律的奏折中，指出"结社、集会种类甚伙，除秘密结社、潜谋不法者应行严禁外，其讨论政学、研究事理、联合群策以成一体者，虽用意不同，所务各异，而但令宗旨无悖于治安，即法令可不加以禁遏"，律文以是否"秘密结社、潜谋不法"作为标准，将结社行为加以区别。律文明确否定秘密结社的合法性，"凡秘密结社一律禁止"，而对于其他非秘密结社，在附加诸多限制条件的基础上，该律事实上承认了所有符合程序的非秘密结社都具有合法性。

①　《学部奏酌拟教育会章程折》，《东方杂志》1906 年第 3 卷第 9 期，第 207～212 页。
②　陆尔奎：《论教育会之性质》，《教育杂志》1909 年第 9 期，第 113～116 页。

　　《结社集会律》在《商会章程》等职业团体章程的基础上对结社行为提出了一般性的法律规范，第一次承认民众具有普遍意义上的结社权利，具有一定的历史意义。《结社集会律》同时又是社会矛盾激化的产物，立法者试图对民间结社加以分化，首先将结社行为区分为秘密的非法结社与公开的合法结社，将秘密结社列为打击对象，然后再将合法结社区分为政治结社与非政治结社，对政治结社给予更加严格的限制条件，对于商会、农会、教育会等已有的非政治结社则略为宽松，试图为民众情绪提供一定的宣泄渠道，缩小对立面，以缓和矛盾。

　　《结社集会律》颁行半年后，清政府又于8月颁行了近代中国第一部宪法性文件——《钦定宪法大纲》，其中出现了这样的条款："臣民于法律范围以内，所有言论、著作、出版及集会结社等事，均准其自由"，[1]这是中国历史上第一次在国宪中公开提出了结社等公民权利的"自由"。虽然该条文仅仅列入《附臣民权利义务》，作为附件放在《君上大权》之后，修辞上也仅仅是"准其自由"，但是，宪法意义上的"结社自由"自此开始成为公理。

第二节　民国初年社团治理的曲折发展

　　1911年辛亥革命爆发后，清政府在内外交困的局面下迅速崩溃。民国初立后，在"共和"的旗号下，结社自由被当作公理广泛宣扬，并且被写入约法正文，得到了宪法性的保障。但是，社团文化需要真正的民主政治作为制度保障，而民初的中国，历史沉淀的大一统思想依然有着强盛的生命力，民初的中国并没有建设起权力分立制衡的政治体制，而是依然惯性趋向于重新树立中央权威。袁世凯强势上台后，开始使用行政命令对社团进行压制，进而在清末《结社集会律》的基础上修正颁布了《治安警察法》，对社团进行严格限制。在颁行一般性法规同时，北京政府还制定了针对商会、教育会、律师公会等社团的专门法规，试图确立政府对于民间社会的权威。民初的社团治理在清末的框架基础上继续扩展，出现了新

---

①　朱寿朋编《光绪朝东华录》，中华书局，1958，总第5979～5980页。

型的法定团体，但政府强化控制的立法意图与实践之间呈现了不协调的因素。

一　"结社自由"的法律保障与限制

民初的社团法制与清末时期的发展路径相反，清末时期的社团立法首先从行业性社团章程开始，再到一般性结社法律，最后才是宪法结社权的产生，而民初的社团法制首先就是从宪法开始，最先确定了宪法层面的结社自由。

1912 年 3 月 11 日，中华民国南京临时政府公布了《中华民国临时约法》，该法列举了人民的基本权利，其中第 4 条规定"人民有言论、著作、刊行及集会、结社之自由"，在罗列了各种基本权利之后，该法仍然在第 15 条载明，"本章所载人民之权利，有认为增进公益，维持治安，或非常紧急必要时，得依法律限制之"。①

以《中华民国临时约法》为肇始，在国家宪法文件中同时载入结社自由条款和法律限制条款两种文本形成了一种传统，自此一直延续下去。1913 年 10 月 31 日的《中华民国宪法案》（天坛宪草）中对限制条款做了文字上的调整，成为"中华民国人民有集会、结社之自由，非依法律不受制限"。② 到了 1914 年 5 月 1 日公布的《中华民国约法》，则又改成了"人民于法律范围内，有言论、著作、刊行及集会结社之自由"。虽然文字屡有变化，其精神实质都是为了防止"阳假集会结社之美名，阴为图谋不轨之机关"。③

"依法律限制之"是一种权利的隐含式但书，形式上保障权利，实质上限制权利。对于结社权"依法律限制之"或"非依法律不得限制之"，除了表达不同外，似乎并没有立法意义上的绝对差别，都是赋予立法者对结社权的限制。当然，在民国初年强调国会立法的大环境下，这种制度至少在形式上也是法治理念的一种体现。比之前清《钦定宪法大纲》中对臣民结社权"均准其自由"的表达，约法从权利义务的关系角度确认了人民

---

① 《中华民国临时约法》，《临时公报》1912 年 3 月 15 日，第 147～148 页。
② 宪法起草委员会编印《中华民国宪法案》，1913，第 4 页。
③ 王保民编《中华民国约法解释》，宏文图书社，1914，第 18～20 页。

结社权是自由的，而非统治者的恩赐，即便其中隐含限制，在观念上依然可以称得上是根本性的进步。

南京临时政府成立后，社会各阶层民众组织社团的积极性很高，纷纷制定章程并向政府呈请立案核准，但也有大量社团纯粹是自由组建，根本不向官方呈请报批，并且对于国事政事广泛发表意见。这是民众权利意识觉醒的一种表现，但对根基不稳的新政权来说，无疑形成了不稳定的因素。

1912 年 2 月 15 日袁世凯当选为临时大总统，其后北京政府的权威性逐渐得以稳固，开始公布政令对结社行为加以限制，并且其限制性随着政府的专制趋向而逐步增强。5 月 12 日，袁世凯发布命令，禁止民间社团干涉行政。命令中称，民间社团"组织固听自由，而机关本非法定"，虽然民间社团可以自行组织和活动，但不容侵越政府职权，社团对于国家立法和行政机关"尽可陈请建言，以资博采"，但是"不许动辄干涉，致妨进行"。[1]

1912 年 9 月 20 日，袁世凯政府内务部下令对全国社团进行调查。值得注意的是，在内务部发布的公文中，对于结社行为的用词还是比较考究的，如"民国肇始，庶政维新，结会自由，载明约法"，肯定了结社行为是各地方人士"具爱国之热诚"，"抱合群之凤愿"，"尽国民之义务"，并表示"结合原听自由，而保护属在官吏"。此次对社团的调查要求统计社团名称、宗旨、会所、发起人、首事人、在会人数、成立日期等各种内容，而对于调查目的，内务部的解释是为了"行政上便利起见"，并且要求此次调查汇报后，"嗣后如有新设及解散或更改名称者，仍希每三个月汇报一次，以凭查核而备统计"。[2] 与清末时期的"查禁"不同，北京政府的调查在官方表达上是比较积极的，而公开表达之外的其他目的则通过具体操作来加以实施。

1912 年 9 月 29 日，袁世凯发布临时大总统令，对于结社的官方表达也开始出现转变，虽然依然宣称"结社集会之自由载在约法"，属于"国

---

① 《禁止私立社团干涉行政》，《时报》1912 年 7 月 3 日，第 5 版。
② 《内务部通行各处请将各项集会结社详细调查列表送部文》，《政府公报》1912 年 9 月 23 日，第 146 号，第 3 ~ 4 页。

民权利"，但由于"各省匪徒往往假名公会公团，官厅不敢过问，私通消息，图谋不轨，及至事发逮捕，地方已遭糜烂"，① 为了防患于未然，严令查访和解散各种秘密结社，"倘再组织，即逮捕惩办"。②

北京政府初期对于社团的干预都是以行政命令的方式进行，虽然约法中有通过法律限制结社权的规定，但没有相应的法律文件。法学家王宠惠在《中华民国宪法刍议》一书中即指出，"夫曰依法律限制之，则必先有限制之之法律规定于前，方能依此法律限制之于后"。③ 清末的《钦定宪法大纲》中对于结社权的规定"于法律范围内，均准其自由"，当时商会、农会、教育会等章程已经相继颁行，而且《结社集会律》也已经公布，"法律范围内"言之有物，相比之下北京政府的"依法律限制之"尚处于无法可依的缺失状态。

1914 年 3 月 2 日，袁世凯政府由参政院代行立法权，制定公布了《治安警察条例》，其后经参政院追认为法律第 6 号，从而成为《治安警察法》。④ 该法在文字上是对《结社集会律》的修改和补充，在内容上是对《结社集会律》中限制意图和干预功能的继承和扩张。

在《治安警察法》的立法理由书中，袁世凯政府最初对于民众结社的态度已经转变，不再予以赞扬和肯定，而是将结社视为妨碍国家治安、造成人心浮动的行为，"许多罪恶莫不缘误解'自由'而生"，并宣称"欲巩固民主之国体，不使之稍有动摇，则必保持国家之治安，不使之稍有扰乱"；政府应"排除极野蛮之自由及极虚矫之共和"，在"排除"的具体方法上，"注重治安警察则实为目前最急最要"。⑤《治安警察法》赋予了行政官署对结社行为广泛的干预权，规定除政治结社必须事先呈报外，行政官署对于其他所有结社也有权在"认为必要时"命令其呈报；行政官署认为结社"有扰乱安宁秩序之虞"或者"有妨害善良风俗之虞"，都可以

① 《大总统禁止秘密结社之原因》，《顺天时报》1912 年 10 月 2 日，第 7 版。
② 《临时大总统令》，《政府公报》1912 年 9 月 30 日，第 153 号，第 1 页。
③ 王宠惠：《中华民国宪法刍议》，南华书局，1913，下篇"宪法草案"，第 8 页。
④ 《治安警察条例》，《政府公报》1914 年 3 月 3 日，第 653 号，第 15～22 页。以下关于《治安警察法》的引用，如无特别说明皆出自此处。
⑤ 《治安警察法草案理由书》，陈瑞芳、王会娟编《北洋军阀史料·袁世凯卷》第 2 册，天津古籍出版社，1996，第 84～85 页。

予以解散，此外所有秘密结社一律应解散。所谓"有……之虞"，即并不需要结社已经在客观上具有"扰乱安宁秩序"或者"妨害善良风俗"的事实行为，只要官署主观上预设有这种可能性，就可以实施预防式的强令解散，行政官署依法拥有极大的自由裁量权。

《治安警察法》的该项规定是对清末《结社集会律》第19条"无论何种结社，若民政部或本省督抚及巡警道局地方官为维持公安起见，饬令解散或令暂时停办，应即遵照办理"的继承，只不过在形式上将清律的"维持公安"改为"有扰乱安宁秩序之虞"及"有妨害善良风俗之虞"。根据《治安警察法》规定，所有治安警察权的行使都应基于"维持公共之安宁秩序及保障人民之自由幸福"，结社干预的判断依据上也强调"维持安宁秩序"，但这显然是一个极为模糊的标准。任何结社行为都会使社会关系产生一定程度的变动，很容易大而化之地视为影响"安宁秩序"。在这样模糊的标准下，对于结社是否禁止可以说基本上是由行政官署任意解释，这实质上是在"依法律限制之"的名义下对结社干预权近乎无限地放大。

《治安警察法》对于政治结社和其他结社行为提出了普遍性的规范，还特别突出了对工人结社的限制，这是《结社集会律》中所没有的新内容。《治安警察法》第1条即规定对"劳动工人之聚集"可以行使治安警察权，第22条则指明了禁止工人结社的具体情节，即"一、同盟解雇之诱惑及煽动；二、同盟罢业之诱惑及煽动；三、强索报酬之诱惑及煽动；四、扰乱安宁秩序之诱惑及煽动；五、妨害善良风俗之诱惑及煽动"，并且罚则中规定，对于违反这些情节的"处以五个月以下之徒刑，或五元以上五十元以下之罚金"。这些处罚条款是《治安警察法》所列各种处罚中最重的，表现出政府对工人结社罢工等行为的严厉镇压态度。

清末《结社集会律》中第22条规定，凡按照法律准许设立的商会、教育会、农会等社团在结社集会活动方面享有一定程度的自由，《治安警察法》则取消了该条款，不再予以商会、教育会等社团特别保护，这主要是因为民初的政治活动中常有这些社团的参与，政府希望能对这些社团予以限制，不愿继续在结社法规中给予这些社团特殊的权利和地位，隐含针对性的意味。

《治安警察法》相对于《结社集会律》也包含若干进步之处，主要在于没有对结社规模做出人数的限定，同时剥夺政治结社资格的范围有所缩小，《结社集会律》中所列的"曾处监以上之刑者"和"不识文义者"在《治安警察法》中都不再被列为取消结社资格的对象。

《治安警察法》的颁行，标志着对清代《结社集会律》沿用的结束。从所处时代和对待结社权利的方式来看，《治安警察法》与《结社集会律》存在显著不同，《结社集会律》是在清末权利初创的阶段对权利予以承认，而《治安警察法》则是在人民行使权利的年代对权利予以限制。《结社集会律》在清末政局下部分开放了民众结社的渠道，而《治安警察法》没有对民初的结社风潮加以正面积极的引导，并试图以反向刺激加以限制。《结社集会律》的颁行在其所处时代是具有一定历史进步性的，但《治安警察法》的公布则体现了更多保守性。

二　前清"法定团体"的权利与地位

清末新政时期，清政府先后就商会、农会、教育会、工会等社团颁行了相应章程，使得这四种社团成为"法定团体"，而随着国家政权的近代化进程，政府机构和职能扩张，必然在社会空间中产生与法定团体之间的竞争。清政府末期在机构和职能的变更方面已经有所努力，但传统的保守势力较大，难以实现彻底变革，民国初年的新政府则没有太多传统的负担，可以大刀阔斧地革新建制。对于各种社团，民国的新政府试图在清政府政策的基础上进一步确立官方的主导地位，通过法制手段限制社团的权益，削弱法定团体自清末以来的官方色彩，明确官民间的等级差别，从而提升政府对于社会空间和公共领域的影响力和控制力。但是，民间社团并不肯轻易向政府低头，以商会为代表的社团与政府之间产生了比较激烈的法权博弈，并在政府的让步下形成了以法定团体为主导的社团治理架构。

前清时代的法定团体主要包括教育会、农会、工会、商会四种与士农工商"四民"相对应的社团，其中商会历史最长，影响力较大。商会是近代最早得到国家法律承认的社团，自1904年《商会简明章程》颁布以来，商会历经了十余年的发展，无论是组织规模还是社会影响，都为其他社团所不及。根据有关资料统计，1913年全国各地商会总数为745个，1914

年增加至 1040 个。①

民国初年，在政府试图依照"共和"模式重新构造国家机器的过程中，商会以民间社会代表的角色，在法定地位等问题上与政府展开了激烈的博弈。对于商会与政府之间的争执，学界主要讨论了 1914～1915 年《商会法》颁行前后所出现的几个问题，包括商会与官府间的公文程序、全国商会联合会的存废、各地商会的改组等，已有研究多统称其为民初商会法之争。商会与政府间所发生的这一系列争执，并非围绕经济利害关系，而主要是关于商会的法定权益。如果将商会视为社团的代表，对从1912 年商会关于国会选举权的争议直至 1915 年《商会法》修正的全过程加以联系考察，似乎可以发现，在民国初年政府重建权威的过程中国家与社团之间一直在围绕着社团法权展开较量。此处无意对已有研究加以重复，除了已有研究中关注较多的商会法之外，社团是否有权参选国会议员堪称社团治理中最为典型的一种法权，通过对国会议员资格问题的考察，有助于了解民初社团治理的运转状况。

1912 年 8 月 10 日，北京政府公布了《中华民国国会组织法》、《参议院议员选举法》及《众议院议员选举法》三部关于国会组织与议员选举的法规，给予各省议会、中央学会、华侨选举会选举参议院议员的定额，但商会、教育会等法定团体一概没有分配。更令商会感到不满的是，《众议院议员选举法》还规定，选举权资格须具备条件"年纳直接税二元以上者"或"有值五百元以上之不动产者"，剥夺了以间接税和动产为主的商人的选举权。②

国会选举法公布后不久，通过宋教仁等人的努力，同盟会联络其他党派于 1912 年 8 月 25 日合组国民党，并成为参议院中的大党。国民党对于各种社团法律地位的态度，即成为国会的重要风向标。在国民党公布的宪法主张案中，曾经一度对职业团体有所倾向，提出参议院应吸收"特殊势力"，参议院的议员应包括由商业总会、农业总会、工业总会等社团选举

---

① 农商部总务厅统计科编纂《中华民国四年第四次农商统计表》，中华书局，1918，第279 页。
② 选举法内容可见《东方杂志》1912 年第 9 卷第 3 期。

的人选。① 但是，随后国民党提出的宪法主张修正案中又否定了原来的主张，认为"盖农业、工业、商业，其范围殊不易定，究以何种人组织此种团体，亦极难言。譬如农业者有地主与小作人之分；工业者有资本家与劳动者之别；商业者有商人与使用人之不同。此二者利害相反，断难合组团体。故适宜之职业团体，殊不易见。且国民苟有法定资格，无论职业如何，皆已于众议员有选举权，似毋庸于参议员再为重复之赋与"。②

选举法公布之后，各地商会纷纷表示不满。在 1912 年 11 月工商部召开的全国工商会议上，商人议决成立全国商会联合会，并由全国商会联合会通电大总统、参议院和国务院，要求从宽订定商界议员数额。袁世凯政府对商会的意见表示同情态度，向参议院提出咨文，希望能考虑商会所请，但被参议院否决。③ 由此可见，对于商会等社团的国会议员资格问题，反对力量主要来自当时以国民党议员为主的国会，并非来自袁世凯政府方面的意见。

关于商会选举权的问题在"二次革命"失败后有所缓解。其时国会中的国民党受到沉重打击，而以上海总商会为代表的各地商会在"二次革命"中多持拥袁立场，政府与商会之间的关系有所改善。1914 年初，袁世凯解散国会，另行组织约法会议，"以议决增修约法案及附属于约法之重要法案为其职权"，成为具有最高立法权的机构。根据 1914 年 1 月 24 日公布的《约法会议组织条例》，约法会议的议员中有 4 人的名额给了全国商会联合会，与京师选举会相当，而其他各省不过是每省 2 人，可谓相当优待。除了议员资格的优待外，在选举人资格规定中也列入了"拥有财产一万元以上者"的条文，使一般中上层工商界人士获得了选举权。同时还特别规定，对于全国商会联合会的会员，如经过农商总长认定"其为通达治术或热心公益者"，可以直接列为选举人，不受财产等方面的限制。这种待遇等同于"蒙、藏、青海得以在京之王公世爵世职及其他相当人

---

① 《国民党主张宪法全案》，《宪法新闻》1913 年 7 月 27 日，第 13 期，第 9 页。
② 《国民党宪法讨论会对于其宪法主张全案之修正》，夏新华、胡旭晟等整理《近代中国宪政历程：史料荟萃》，中国政法大学出版社，2004，第 246 页。
③ 参见《参议院十日纪事》，《申报》1912 年 9 月 16 日，第 2 版；《袁总统更改选举法令动议真相》，《申报》1912 年 10 月 20 日，第 2 版。

员",可谓对商会的特殊照顾。① 此外,约法会议召开以后,袁世凯又开始筹组参政院,代行国会和立法院的职权。1914 年 5 月 24 日,由约法会议制定公布了《参政院组织法》,在关于参政任职资格的规定中,也有"富于实业之学识经验者"一条,这就意味着工商人士也具有了出任参政的资格。②

工会是清末士农工商"四民"法定团体中的一种,并且是其中相关法规出台最晚的。1911 年 1 月 23 日,清政府颁布《工会简明章程》,宣告工会享有独立的社团法律地位。③《工会简明章程》施行还不到一年,清政府即被推翻,但是革命并未中断各地工会成立的步伐,民国初年湖南、湖北、福建等省市陆续设立了工业总会。对于新政府的实业管理部门而言,是否延续前清单设工会的策略,给予工业团体合法地位以及如何调整工业团体与商会的关系,均成为需要正视和解决的问题。

1913 年 12 月,北京政府将工商、农林两部合并为农商部,由张謇出任总长,其后农商部于 1914 年 9 月颁布了《商会法》,采取了将工会合并入商会的策略,规定"本法施行前,所成立之工务总会、分会,自本法施行之日起,一律取消,但得于六个月以内,依本法与同地商会合组,其地原无商会者,亦得改组商会",④ 从而取消了工会的独立地位。

该法颁布后,湖南、吉林、湖北等多地工业总会都提出异议,主张工商分立,将商会法改为工商会法或者另立《工会法》。农商部则提出了三方面的理由予以拒绝,一是认为单设工会容易演变为工人组织,而工人"智识较浅","难认有组成法团之资格",⑤ 并特别强调要防范工人通过工会组织罢工,"同盟流弊,尤宜预戒"。⑥ 二是依据《商人通例》中关于制

---

① 《约法会议组织条例》,夏新华、胡旭晟等整理《近代中国宪政历程:史料荟萃》,中国政法大学出版社,2004,第 458 页。

② 《参政院组织法》,西北政法学院法制史教研室编印《中国近代法制史资料选辑 1840 ~ 1949》第 1 辑,1985,第 95 页。

③ 《农工商部奏定工会简明章程》,《福建商业公报》1911 年第 14 期,"法令",第 1 ~ 3 页。

④ 《法律第十二号》,《政府公报》1914 年 9 月 13 日,第 847 号,第 18 页。

⑤ 《农商部批第一七三二号》,《政府公报》1916 年 8 月 29 日,第 235 号,第 22 页。

⑥ 《批吉林工务总会所禀工商会不能合并理由应毋庸议由》,《中华全国商会联合会会报》1916 年,第 9 ~ 10 号,第 10 页。

造业和加工业均属于商业的规定，认为法律上的"商业"概念就已经包括工业在内，"营利之工业实即商业之一部，自无用另立工会"。三是认为工业与商业有密切的业务关系，宜合不宜分，"合一始堪联络，两分必致睽离"。① 此后，虽仍有工业界人士提请设立工业团体，多被官方依据《商会法》拒绝，大多数工会被依法合并于商会内，工会就此失去了前清以来的"法定团体"地位。

北京政府通过立法对商会和工会进行了合并处理，使清末以来的"四民"法定团体缩减为"三民"，工会不再具有独立的法律地位，而教育会和农会仍然维持。北京政府在清末教育会和农会章程的基础上新定了相关法规，教育会和农会的权益和地位在维系和承继的同时也有所调整和变化。

1912 年 9 月 6 日，北京政府教育部公布了《教育会规程》，对教育会的定位进一步属地化，省、县、城镇乡教育会分别由省县对应的行政长官核准立案，中央政府教育部仅对省教育会备案，同时，法规强调教育会的上下级之间并无隶属关系，"各教育会得互为联络，不相统辖"，并且继续沿袭了清末《教育会章程》对教育会活动范围的限制，"教育会不得干涉教育行政及教育以外之事"，② 以避免教育会形成与官方对抗的组织力量。

相比频频卷入政治事件的商会和教育会，农会显得比较低调。1912 年 9 月 24 日，北京政府农林部公布了《农会暂行规程》及《农会规程施行细则》，规定"农会以图农事之改良发达为主旨"，将农会的活动限制在"农事"范围之内。在组织系统方面，规程将清末农务总会、分会、分所三级改为全国联合农会、省农会、府县农会、市乡农会四级。但是，规程中的全国联合农会严格来说并不是一级社团组织，根据规程，联合会"由农林总长临时召集组织"，施行细则中还规定"全国农会联合会之关防，于每次开会时刊颁，闭会时缴销"。③ 11 月 5 日，农林部又专门公布

---

① 《农商部批第一千六百二十号》，《政府公报》1914 年 11 月 6 日，第 900 号，第 27 页。
② 《学部奏酌拟教育会章程折》，《东方杂志》1906 年第 3 卷第 9 期，第 207 ~ 212 页；《教育会规程》，《政府公报》1912 年 9 月 8 日，第 131 号，第 3 ~ 4 页。
③ 参见《农会暂行规程》《农会规程施行细则》，《政府公报》1912 年 9 月 26 日，第 149 号，第 3 ~ 7 页。

了《全国农会联合会章程》，规定联合会开会的时期及地点由农林总长确定，会议事项由农林总长提出，农林总长可以延请特别会员参会，"会场经费由农林部支给"。① 该联合会实际上扮演了农林部的临时机构角色，带有浓重的官方色彩，更接近于临时性的会议，而很难视为民间社团的联合体。

在北京政府对社团法制进行完善的过程中，除了对前清已有的法定团体进行调整外，另一项重要的发展就是根据社团变化的具体情况，制定法规以符合新式社团的需求，从而产生新型的"法定团体"，使清末以来的社团治理框架得以扩展。民初的十余年间，北京政府先后制定了关于律师公会、银行公会、工商同业公会等多种社团组织法规。其中，律师公会法规主要见于1912年9月16日司法部颁布的《律师暂行章程》，② 银行公会法规主要是1915年8月24日财政部颁布的《银行公会章程》，③ 工商同业公会法规主要是1917年2月24日农商部颁布的《工商同业公会规则》。④

民国初年的社团法制与清末相比，在形式和内容方面表现出了更多的近代性，数量规模上也有所增加，但是治理结构的发展呈现出内在的不协调。民国肇始，就将结社自由写入了约法中，使之成为公理式的国宪条文，但是在结社法规中又对结社权利设置了种种条件和限制，其精神与结社自由的理念相悖。民国初年颁行的各种社团单行法偏向于社会中上层人士，《治安警察法》又对政治结社予以种种限制，并取消工人的结社权，普通民众的正常结社需求不能得到法律保障，只能通过法外途径表达，逐渐积累为尖锐的社会矛盾，"把下层社会和上层社会竞争同等发展的机会根本打破，便是把全社会进步的动机根本堵住；结果便是使旧社会的'安宁秩序'、'善良风俗'、'自由幸福'变成新社会反抗的仇视的目标。一方面防止过当，一方面反抗过力，所以往往激起来根本推翻的大革命"。⑤

---

① 《全国农会联合会章程》，《政府公报分类汇编》1915年第34期，"农业"，第14~15页。
② 《律师暂行章程》，《政府公报》1912年9月19日，第142号，第3~8页。
③ 《银行公会章程》，《政府公报》1915年8月29日，第1189号，第43页。
④ 《工商同业公会规则》，《政府公报》1917年3月2日，第409号，第9~10页。
⑤ 高一涵：《对于〈治安警察条例〉的批评》，《新青年》1920年第7卷第2号，第17页。

第二章 广州政权的"革命化"
社团治理模式

1920 年代，随着中国社会的发展，民间社团越来越表现出对政府的独立倾向，政府社团治理的权威性受到民间社会的质疑，社团活动开始逐渐突破基本的治理框架。孙中山领导的国民党采取了联俄联共方针，将俄国革命模式与三民主义糅合在一起，建立了中国式的党治理论，并在这种理论的指导下建立了带有浓厚革命色彩的社团组织和管理模式。与清末民初以被动性调试为主的社团立法不同，广州国民政府的社团治理采取了主动式的全面干预，试图通过社团使民众组织化，实现对民众的控制和对社会资源的动员。通过政治指引和法律保障，国共两党广泛组织了各种新型的革命化社团，并配合北伐军事行动，发动了声势浩大的国民革命运动。在革命的动荡局势中，由于革命阵营内部的分裂，社团秩序濒于崩溃，"清党"后的国民党政府被迫停止革命化民众团体的活动，重新规划党和政府在社团治理中的角色与地位。

第一节 社团组织的革命化

北京政府时期的中华民国正处于由传统社会向近代蜕变的加速阶段，工业化的演进、市场规模的扩大、社会阶层的流动分化等众多因素使得中国社会产生剧烈的变动。近代化的进程刺激了中国基层民众的主体意识，以工会、学生会为代表的民众社团开始展现日益强大的影响力，开始超越法律边界，以激进的方式对国家政务表达意见。在北京政府忙于对社团进行暴力镇压之时，孙中山所领导的广东国民党政权注意到了民众通过社团组织所展示的巨大能量，开始酝酿利用革命化的社团组织民众发动革命。

一 社团活动重心的下移

社团是民间社会的组织形式,在一定程度上可以衡量民间社会发展水平的尺度。袁世凯在位期间是民国北京政府构建社团治理架构的主要阶段,经历了民国初年政府与民间社会的博弈后,以民间社团自治为主的社团秩序初步形成。政府承认商会、教育会等社团在各自领域中的权威地位,对于社团事务采取有限干预,其代价是社团应在国家法制的框架内活动,并需要承担政府所分配的事责,辅助政府推行政令。但是,这种秩序的基础并不牢固,袁世凯下台身故后北京政府的权威迅速消解,中国政治局面陷入动荡,民间社团随之兴盛,在社会公共空间呈现了"国退民进"之势。

以 1919 年五四运动为标志,中国的民间社会出现了新的气象,社团组织增多,范围扩大,活跃程度增加,并且出现了明显的重心下移。对于已有的社团立法,尤其是对于社团活动具有广泛限制性的《治安警察法》,民众认可的意愿很低,甚至根本就拒绝遵守,北京政府社团法制的权威性受到了强烈的质疑。有学者认为,五四运动期间的中国产生了具有"民粹主义"色彩的社会思潮。[①]

五四运动前后,学生社团和工人社团开始对中国的社团秩序产生越来越大的影响。五四运动中学生社团俨然成为政治结社的主力,运动初起时,参与者是来自北京各大院校的几千名学生,组织方式则是通过学生会等各种学生社团开展。《治安警察法》禁止学生加入政治结社,虽然学生会就其本身性质而言并非政治社团,但在五四运动中则表现出强烈的政治性,实际上完全突破了法律的限制。五四运动正是由学生社团发起,其后在工商阶层的参与下发展成为广泛的民众运动。对于学生社团参与政治,社会各界的评价有着明显分歧,保守性较强的老成持重者多持批评和反对态度,温和的改良主义者持有限的理解和同情态度,而激进的革命主义者则坚决拥护和支持。在这三种态度中,居于中间角色的改良主义者所持立场对于社会一般观念的影响力相对比较显著,改良主义色彩明显的《现代

---

① 左玉河:《论五四时期的民粹主义》,《晋阳学刊》2010 年第 1 期。

评论》即发表文章称，"在政治不进步的国家特有的学生政治运动，确是代表这种社会一种特殊的活势力，确是一种过渡时代共有的现象，而且不一定是不好的现象"，不过要注意"须有适当的步骤，须守适当的界域"。①

除了学生社团之外，工人社团的兴起是社团活动重心下移的典型标志。20 世纪初期，中国的近代工业已经有了一定的发展，工人群体的规模迅速扩大。五四运动前，工人结社处于比较零散的状态，社会影响力也比较有限，基本上属于社团中的边缘群体。据有关资料统计，全国有案可查的工界团体（包括资方社团和工人社团）合计不过 30 余个，而五四运动之后的两年间，各种工界团体大量涌现，仅上海、广州等工业较为集中的城市就有 300 个左右，数量增加近 10 倍。② 工人社团的发展改变了城市社会生活中的力量对比，意味着结社行为的焦点由少数精英的聚会开始转向广大民众的集合，社团的活动范围扩大，参与人数剧增，对于社会的影响也显著增强。

五四运动以来，中国民众运动所展现出的社会影响力引起了部分国民党高层人士的注意，而社团的分化对立和各种法定团体的动摇也使得他们察觉到社会分裂和革命潮流的气息。号称国民党文胆的戴季陶是国民党内的理论专家，他对于五四运动有着非常深入的观察，认为"这一次国民自决的运动是合理的，是觉醒的，是深刻的，是纯粹的新式革命运动"。戴季陶十分欣赏民众运动所表现出的组织性和广泛性，即便是他看来属于"智识不够，思索的能力薄弱"的商人，也是"一帮有一帮的联络，一业有一业的预备，一处有一处的计划"，形成了"极周密极有条理的系统"，而学生社团的活动更是"很有条理，很有精神，很有计划"，这种团体活动的条理性和计划性"便是证明他们的伟大，便是发扬他们的组织能力"。③ 戴季陶还从"六三"罢工事件中察觉到了工人群体的力量，意识到要对这个群体加以"指导"，为国民党所用，并向孙中山提出，"工人直接参加政治社会运动的事，已经开了幕。如果有智识有学问的人不来研

---

① 周鲠生：《青年学生的政治运动》，《现代评论》1925 年第 22 期，第 4 页。
② 参见刘明逵《中国工人运动史》第 2 卷，广东人民出版社，1998，第 142 页。
③ 戴季陶：《中国人的组织能力》，《星期评论》1919 年第 1 号，第 2～4 页。

究这个问题，就思想上智识上来领导他们，将来渐渐地趋向到不合理不合时的一方面去，实在是很危险的"。要用"温和"的思想来"指导社会上的多数人"，① 并且发扬民众运动中表现出来的"组织能力"，"扩充到国民的大集团社会"。② 相比当时比较激进的革命思想，戴季陶的政治主张则带有折中色彩，既要利用民众的力量，又要避免出现所谓"不合理不合时的一方面"，他于1921年发表了《广东省工会法草案》，比较集中地体现了这种趋于调和的民权主张。

戴季陶在《广东省工会法草案》中称，"对于工人之利益及其社会的地位，更宜以法律提倡之保障之，使之确立"，并对立法的理由进行了详细的说明。草案明确提出，对于北京政府限制工人结社权的法律依据《治安警察法》应予废除，应承认工人的结社权、同盟罢工权、团体协约权和国际联合权。草案认为，组织工会的主体范围应包括同一职业或产业的雇佣劳动者、公共场所及家庭的雇佣劳动者、公务人员及学校教师职员，仅排除了现役军人。戴季陶认为，中国的工人教育程度有限，工会组织才刚刚起步，应积极采取保育政策加以引导和扶植，因此草案提出工会财产受法律保护，而对于工会的设置、解散、章程等内容采取干涉主义，强调官厅的监督和管理。戴季陶主张工会法的制定"刻不容缓"，并且一旦制定，"施政者更宜以百折不回之毅力，排除一切障碍，使本法行之于有效"。③

戴季陶所提出的草案带有强烈的调和色彩，肯定并主张工人的结社权利，同时又加以限制和平衡。他强调组织工会要特别注意"不可带政治的色彩，做一部分有政治的臭味者的利用品"，并且"应保持与雇主阶级的调和"，④ 对于当时已经比较尖锐的劳资争议，他希望通过法律手段而非政治斗争来解决，这种构思对于1920年代广州政府的社团立法有所影响，更对其后南京国民政府时期的社团治理起了指导性的作用。

1920年9月，孙中山在广州重建军政府，与北京政府形成了南北对峙

---

① 戴季陶：《世界思潮：访孙先生的谈话：社会教育应该怎么做？》，《星期评论》1919年第3号，第3～4页。

② 戴季陶：《中国人的组织能力》，《星期评论》1919年第1号，第2～4页。

③ 戴季陶：《广东省工会法草案理由书》，《新青年》1921年第9卷第1号，第2页。

④ 戴季陶：《随便谈》，戴季陶著，唐文权、桑兵编《戴季陶集（1909～1920）》，华中师范大学出版社，1990，第975页。

的局面。虽然孙中山矢志北伐统一，但在陈炯明等地方实力派的主持下，广州政府前期对待社团的态度与其他推行联省自治的地方相似，倾向于地方自治，并且主要以各种已有的法定团体作为地方自治的辅助力量。1921年1月公布的《广州市暂行条例》中关于市参事会（议会）的规定，即赋予了商会、教育会、律师公会、医界团体等社团选举权，同时还规定工人团体也具有选举权，"工界代表三人由各工界团体联合选举之"。① 其政策与北京政府相比，在商会、教育会的基础上加入了律师、医生等职业团体的代表，并突出了工界团体的地位，体现了广泛参与的民主色彩。1921年12月19日，广东省议会通过了《广东省宪法草案》，规定法定团体具有立法提案权，"法定之省教育会、农会、工会、商会，得提出关于教育生计诸法律案，呈请省长咨交省议会议决"。②

值得注意的是，在广东的市政条例和省宪草案中，工界团体也有法定选举权，工会也被列为具有"法定"性的社团。与北方政府对工会的禁止和取缔政策不同，南方政府在工会立法方面表现出积极进取的态度。1922年2月23日，广州政府的国务会议还专门通过了《工会条例》，并于24日由孙中山以总统令发布。该法是中国近代第一部由政府颁行的工会法律文件，实属"吾国破天荒之条例"，其正文共计22条，是在戴季陶的《广东省工会法草案》的基础上修改而成，主要内容基本一致。③《工会条例》明确赋予了工会法人地位，对于工人运动的发展起到了极大的保障和促进作用，并造成了对北方政府保守政策的巨大压力。

广州政府通过《工会条例》提升了对于社会中下层的影响，但在陈炯明主政广东期间，广州政府的总体政策仍然偏于改良，注重对工商各业利益的调和，并未开展激进的政治运动。④ 陈炯明与孙中山关系破裂之后，孙中山于1923年2月重新在广州建立政权，新政府的政策在国内外多种因素的影响下逐渐趋向激进。

---

① 广州市地方志编纂委员会编《广州市志》卷末，广州出版社，2000，第130页。
② 《广东省宪法草案》，《东方杂志》1922年第19卷第22号，"宪法研究号附录"，第32页。
③ 《新政府公布工会条例》，《民国日报》（上海）1922年3月6日，第3版。
④ 陈炯明本人曾多次参与劳资纠纷调停，可参见段云章、倪俊明主编《陈炯明集》，中山大学出版社，2007。

二　革命方针下社团治理的变化

在五四以来民众运动的基础上，国民党与苏俄"输出"革命的国际战略相结合，通过"民众势力的组织"，开展夺取政权的斗争，发动了声势浩大的国民革命。在这场革命运动中，为了能够系统运用已经崛起的民众力量，国民党提出了组织和运用民众团体进行政治斗争的理论和政策，对于社团法制的发展方向产生了深远影响。

孙中山重回广东后，苏俄为了输出革命，积极与广州国民党政权接洽，并向孙中山提供了整套的革命理论政策和运作方法。孙中山对于苏俄式的社会主义革命理论在价值判断方面持保留态度，但从工具性的角度对苏俄的政党体制和组织系统极为欣赏，有鉴于国民党的散漫状态与多次失败的经验教训，认为要向苏俄学习，"现在有俄国的方法以为模范"，[1]"从事于有组织、有系统、有纪律的奋斗"。[2] 以此为转折，孙中山不再坚持早年英美式的民主宪政共和国设想，而是提出"盖今日革命，非学俄国不可……我党今后之革命，非以俄为师，断无成就"。[3]

在苏俄顾问的协助下，孙中山在三民主义的基础上嫁接了苏式政党的组织模式，以三民主义为体，以苏俄模式为用，形成了中国式的"党治"理论，民间社团也被纳入其体系内，并逐步形成泛政治化的社团政策。

1924 年 1 月，国民党一大在广州召开。会上通过《中国国民党第一次全国代表大会宣言》，将民众势力的组织提到了前所未有的战略高度，尤其突出了对工农群众的组织。宣言提出，国民革命要充分发动民众的力量，"凡民族革命运动，欲求成功，必须有广大的民众参加，而农工民众尤为必须"，"其所恃为后盾者，实为多数之民众，若知识阶级、若农夫、若工人、若商人是已"。国民党在宣言中承认"过去民族革命运动之失败，

---

① 孙中山：《关于列宁逝世的演说》，中国社科院近代史所等编《孙中山全集》第 9 卷，中华书局，2011，第 137 页。

② 孙中山：《人民心力为革命成功的基础》，中共中央党史研究室第一研究部编《联共（布）共产国际与中国国民革命运动（1917～1925）》，北京图书馆出版社，1997，第 539 页。

③ 孙中山：《致蒋中正函》，中国社科院近代史所等编《孙中山全集》第 11 卷，中华书局，2011，第 145 页。

由于参加者限于知识阶级，故不能得广大之基础与广大之势力"，今后依靠民众，必须要扩大组织的基础，尤其是扶植农民、工人，"本党基于扶植农工之政策，以后应多致力于农工组织，扩大吾党基础的势力"，并"努力于赞助国内各种平民阶级之组织，以发扬国民之能力"，将各种民众尤其是工农阶层的社团组织列为关系到国民革命失败的重要工作。① 在"一大"通过的国民党党章中，还进一步提出了对于"党团"的设计，要求不但由党直接组织民众团体，还要通过国民党党员在各种社团内成立党团，形成局部的组织优势，从社团内部确保党的领导地位。②

1925 年 7 月，广州国民政府正式成立，其后，在 1926 年 1 月召开的国民党"二大"上，关于民众团体的组织问题进一步形成了具体决议案。为了辅助北伐的军事行动，国民党着力扩大全国各地区工人运动的成效，提出要支持工人在法律上享有集会、结社的"绝对自由"，并帮助和支持工人社团的发展，"使全国工人的总组织中华全国总工会，及各产业的、各地方的总组织，成为健全的、独立的且有系统的组织"。③ 在突出工会地位的同时，国民党还提出，要普遍加强农民、青年、妇女等各种民众团体的组织，并且提出"在工农群众已经能够公开领导民众运动的地方，应极力促成工、农、学的联合组织"，从而实现民众的广泛联合。④

国民党的新政策突出了其对于基层民众团体的积极构想，但对于社会中已经存在的各种社团，尤其是以社会中上层人士为主体、具备一定社会影响力的商会等法定团体，国民党则没有这样的积极态度。在国民党新的宣言、政纲中，对于法定团体的参政权基本上只字不提，对这些社团的积极作用也仅是寥寥数语带过。在"一大"国民党政纲的对外政策部分，提出要"召集各省职业团体（银行界商会等）、社会团体（教育机关等）组织会议，筹备偿还外债之方法，以求脱离因困顿于债务而陷于国际的半殖民地之地位"，商会、银行公会、教育会这些在民初十分活跃的社团组织，

① 《中国国民党第一次全国代表大会宣言》，中国国民党中央执行委员会编印《中国国民党第一次全国代表大会宣言及决议案》，1924，第 1~17 页。
② 《中国国民党党章》，中国国民党中央执行委员会编印《中国国民党第一次全国代表大会宣言及决议案》，1924，第 39 页。
③ 《工人运动决议案》，《政治周报》1926 年第 6~7 期合刊，第 56~57 页。
④ 《青年运动报告决议案》，《政治周报》1926 年第 6~7 期合刊，第 64 页。

对于国民党而言似乎仅在偿还外债方面有所作用，可以帮助政府解决历史遗留问题，而对于革命并没有其他价值和贡献。

非但如此，国民党的政策中对于这些社团还隐含并不友善的意味。国民党一方面积极表明以工农为友，要"保障农工团体，扶助其发展"，另一方面亮出了反对帝国主义和军阀的旗帜，以划分敌我界限，提出"对内当打倒一切帝国主义之工具。首为军阀，次则官僚、买办阶级、土豪"，号召民众"反抗帝国主义与军阀，反抗不利于农夫、工人之特殊阶级，以谋农夫、工人之解放"，其中"买办阶级""特殊阶级"这些表达耐人寻味。国民党的政纲中包括"确定人民有集会、结社等完全自由权"，以"完全自由权"这样的绝对表达方式来对抗北京政府对于结社权的限制。但在同时，国民党又在对民权主义的解释中宣称"国民党之民权主义，与所谓'天赋人权'者殊科"，在阶级斗争观念的影响下，国民党不再宣传权利主体的普遍性，而转向强调对权利主体加以区别对待，认为民权的赋予和行使必须适合革命需要，"凡真正反对帝国主义之个人及团体，均得享有一切自由及权利；而凡卖国罔民以效忠于帝国主义及军阀者，无论其为团体或个人，皆不得享有此等自由及权利"。①

从这些公开的政策表述中，大致上可以得出结论：在国民革命的初期阶段，商会等已有的法定团体并不像工农民众团体一样属于国民党所预期的革命力量，反而更类似于革命的潜在对象和目标。随着政策开始向基层民众倾斜，国民党的社团立法也随之改变了以往的调和方针而渐趋激进，尤其是偏重于对工农社团的组织和保障。

1924 年 6 月 24 日，国民党中央执行委员会农民部制定了《农民协会章程》，并交由政府公布施行，试图通过法律形式对农民团体的组织和活动予以保障，"尤赖贫苦之农民能建立有组织有系统之团体，以自身之力量而拥护其自身之利益"，以实施国民党的农民运动政策。②

《农民协会章程》规定，"农民协会为本三民主义解放劳动阶级之志意，合全国受压迫之贫苦农民而组织之。其目的在谋农民之自卫，并实行

---

① 《中国国民党第一次全国代表大会宣言》，中国国民党中央执行委员会编印《中国国民党第一次全国代表大会宣言及决议案》，1924，第 11 页。

② 《农民协会章程已拟妥》，《广州民国日报》1924 年 6 月 26 日，第 6 版。

改良农村组织，增进农人生活"，通过农民协会，使"贫苦之农民能建立有组织有系统之团体"，进而"期使全国农民得悉在一个主义、一个组织之下而奋斗"，以配合政府"为贫苦之农民实行解放"。章程对农民进行了阶级区分，将"农民"概念界定为"自耕农、半自耕农、佃农、雇农、农村之手工业者及在农村为体力的劳动者"，并规定"有田地百亩以上者"及"以重利盘剥农民者"不得成为农民协会的会员。据此，农民协会属于以"贫苦之农民"为核心的团体，对地主及农村有产阶级持强烈的排斥态度。

根据该章程的规定，农民协会的性质比较特殊。从其组织程序来看，农民协会采取的是首先组织"临时县农民协会"，然后通过临时县农协组织县属各乡的农民协会，从基层开始，层层向上叠加组织，依次设立乡—区—省—全国的农民协会。但是在章程关于农会发起设立和组织活动的规定中，没有任何需要由政府核准的程序，也没有授予政府管理农民协会的任何权力，并且还在第 14 章单列了"农民协会与他机关之关系"，其中规定"农民协会对于行政机关、立法机关、教育机关、合作社等应有相当的势力，以顾全农民之利益"，"农民协会会员在前条所列各机关中，有三人以上者，应组织会员团，以拥护农民协会之利益"，"农民协会得派遣相当会员作代表到行政官厅及各机关以解决农民各种问题"。① 根据以上规定，农民协会基本上独立于各级政府之外，该章程实际上赋予了农民协会带有农村政权性质的特殊地位。

1924 年 10 月 1 日，孙中山以大元帅令发布了《修正工会条例》，相比 1922 年的条例，修正后的条文在基本框架不变的同时，具体细节上则出现了一些耐人寻味的变化。

戴季陶最初制定的《广东省工会法草案》中，包括关于工会参与国际组织的条款，"工会与工会联合会，得与他省及外国同性质之团体联合或结合"，1922 年公布实施的《工会条例》没有此条内容，至 1924 年的修正条例又加入其中，但是此时已非彼时，同样的条文在前后两个文件中的

① 《农民协会章程》，中国第二历史档案馆编《中华民国史档案资料汇编》第 4 辑上册，江苏古籍出版社，1986，第 452 页。

意味并不相同。戴季陶主张工会的国际联合，是希望广州新政府能借此赢得欧美各国的承认和尊重，"使各国政府及人民，对于我新政府之施设表示相当崇敬"，他所制定的工会法草案也是"准据巴黎和约及华盛顿会议之决议"。[①] 而 1924 年的修正条例则是国民党改组之后，在苏俄顾问的指导下出台的，此时的国际联合的目标则不再是欧美各国，而是指向了苏俄主导下的共产国际。修正条例公布之后不久，1925 年 5 月广州召开的第二次全国劳动大会议决成立中华全国总工会，并提出"中国工人阶级此后应强固自己的组织，加入赤色职工国际，并拥护他的一切政策"。[②] 众所周知，十月革命后苏俄与西方国家已经走向对立，巴黎和会及华盛顿会议对于苏俄的态度也是完全敌视的，戴季陶最初制定的工会国际联合条款在 1924 年形成正式法律条文时，文本中的"外国"与戴氏本意已相去甚远。

戴季陶的草案中有一条关于工会职员资格的规定，"非从事于各该工会部门之业务一年以上，且现从事于其业务者，不得为工会职员"。1922 年的工会条例包括这一条文，而 1924 年的修正条例则无此项，仅仅规定"工会职员由工会会员按照本工会选举法选出之职员充任之"。之所以有这样的变化，可以从国民革命的特殊环境得到某种解释。国共两党组织工会带有比较强的政治目的，需要对工会职员加强控制力度，革命时期的很多工会组织都是由党员担任主要职员。如果坚持从业者才有任职资格，显然对于组织开展工会活动不利。戴季陶曾主张工会"不可带政治的色彩"，而工会条例关于职员的修正恰恰是为工会在革命期间从事政治性活动打开了方便之门。

除了上述两方面之外，修正工会条例中还明确宣示了工人享有工会组织下的罢工权，并删除了原有允许解散工会的条款，作为国共两党合作的成果，是一部具有较强民主色彩的工会法规。

农会、工会法规在国民党改组后迅速出台，相比之下商民运动在各类民众运动中开展较迟，其相应的法规制度出台也比较晚。

商民运动是以商会为针对性目标而展开的。商会是传统的法定团体，

---

① 戴季陶：《广东省工会法草案理由书》，《新青年》1921 年第 9 卷第 2 号，第 1 页。
② 《对于赤色职工国际代表报告的决议案》，中华全国总工会中国工人运动史研究室编《中国工会历次代表大会文献》第 1 卷，工人出版社，1984，第 29 页。

有强大的势力，而中层社会群体的秩序趋向也决定了商会一类的社团常常会将国民党这种革命政党视为破坏秩序和安宁的"乱党"。商会与国民党之间有历史的宿怨，远至民初国民党议员反对商会的选举权及二次革命时期上海等地商会拥袁反孙，近有1924年的广州商团事变，商会多次处于国民党的对立面。1926年1月18日，国民党"二大"上通过了《商民运动决议案》，认为此前的革命运动中强调了工农群众组织，而"对于商民运动向未重视"，工农的团体组织虽然重要，但对商人群体也不能完全忽略，"以商人为不革命者是大错误……商人中除少数买办阶级及奸商外，亦是受压迫阶级，故此后亦不可不注意"。[①] 国民党认为，商人群体应区别为两种，"其一为与帝国主义立于共同利害之地位者，其一为与帝国主义立于利害相反之地位者"，前一种商人属于"不革命者"，是革命所应打倒的对象，后一种商人则因为"受帝国主义者显然之压迫"，属于"可革命者"，要加强对其宣传，"更扶助其组织团体，使之参加政治运动"。

在这种区别对待的基础上，国民党提出了有别于工农协会的商人社团政策，一方面是对商会予以否定，"现在商会均为旧式商会，因其组织之不良，遂受少数人之操纵，其对商人则以少数压迫多数之意思，只谋少数人之利益"，认为对待商会"须用严厉的方法以整顿之，对在本党治下之区域，须由政府重新颁布适宜的商会组织法，以改善其组织"，另一方面是在商会之外另起炉灶，动员中小商人组织商民协会，去打倒商会中的"反革命"大商人。

国民党所设计的商民协会是一个与工人协会和农民协会类似的政治性社团，其设立原则有3条，一是"能代表大多数商民之利益"，二是"组织严密的"，三是"革命的"，其组织和活动的目的是对一般商人"多引起其对于政治之斗争，减少其对于经济之斗争，以打破商民'在商言商'不问政治心理，并使彼从政治斗争上所得之经验，促其与农工阶级联合战线之觉悟"。

《商民运动决议案》中还提出，"为使此商民协会得以普遍于全国及

---

① 《商民运动决议案》，浙江省中共党史学会编印《中国国民党历次会议宣言决议案汇编》第1册，年代不详，第78~84页。以下关于《商民运动决议案》的引用，如无特别说明皆出自此处。

成为本党一有系统的民众势力起见，本党当制定商民协会之组织法，并正式颁布全国以归划一"。据此，1926年2月23日国民党第二届中央执行委员会第7次常会上通过了《商民协会章程》，对《商民运动决议案》的内容做出具体化的法律规定。该章程公布后，国民政府宣布"旧有商会法不适用国民政府之下，商民协会章程实为商民必须遵守的法律"，[①] 该章程据此成为商人社团组织的专门法，并且否认了商会自清末以来既有的法定团体地位。

《商民协会章程》对商民协会的性质、目的及作用进行了解释，指明"商民协会系本国民革命之宗旨，改善商民之组织，集合在帝国主义与军阀压迫下之商民，使之有完善之组织，伟大之力量，以谋商民痛苦之解除，而增进其幸福"。其性质带有明显的革命色彩，突出了商民协会的政治性，与商会、工商同业公会等法定工商社团的经济性目的有显著差别。《商民协会章程》赋予会员广泛的权利，但在会员资格方面显示出强烈的排斥性，"帝国主义之走狗，现任之买办"及"军阀之走狗，劣绅贪官污吏"均不得成为该会会员。所谓"走狗"和"买办"，其目标多是指在商界有较大影响力的大商人，章程在会员义务方面也有类似规定，如"不得勾结帝国主义者、军阀、贪官污吏或土豪劣绅""不得压迫工人农民"等。章程贯彻了决议案对商人不同性质和阶层的划分，以凸显中小商人的革命性和斗争性。

广州政府根据扶植民众团体的政策所制定的农工商协会法规改变了前期的改良色彩，呈现了浓厚的政治性，并趋向于激进的社会革命，为国民革命时期农工商民众的政治运动提供了法律的保障。

第二节　社团发展与社团治理的失灵

自1924年国民党"一大"至1926年"二大"期间，国民党通过社团组织开展民众运动的策略逐步成熟，并制定了相应的社团法规，其施行范

---

① 《商民协会章程》，天津市档案馆等编《天津商会档案汇编（1928～1937）》上册，天津人民出版社，1996，第439页。

围随着北伐的进展而逐渐扩大至其他地区，民众团体一度呈现兴盛的发展景象。但是，自1926年下半年起，国民革命的阵营开始表现出明显的分裂迹象，在已经被北伐军占领的地区，不同利益诉求的工商业社团之间出现了频繁冲突，国民党左派和右派各自扶持的社团彼此间也爆发了激烈争斗，社会秩序陷入混乱。在这段时期内，原来北京政府的社团法不再发挥效力，广州政府颁行的社团法也不能起到约束作用，政策和命令成为临时维系社会秩序的主要手段，修正和新订社团法的需求日益突出。

一　革命化社团的发展

1924年国民党"一大"之后，国民党在新的民众政策指引下有计划地组织各种民众团体，广东等地的各种民众团体得到了迅速的发展。广东省规模较大的社团"不下数十余团体"，而在国民党的核心统治区广州市，各种社团"真是应有尽有，不可胜计"，并且社团的组织形态十分丰富，纵式的系统组织和横的联合组织"没有一处不普及"。[①] 以农民协会为例，根据国民党的统计，"吾党在广东作农民运动的工作，为期不过七月，已有农民协会组织的有三十七县，会员六十二万人"。[②]

随着民众运动和革命形势的发展，国民党的影响力迅速扩大，"广东之在中国已不仅得革命群众之同情，凡愿见其祖国自由独立之爱国者，咸一致爱护之。甚至不愿为革命担负何种工作之人民，亦宣称中国之救主将来自广东矣。本党改组以前，惟少数革命党人与少数知识分子略知本党，改组以后，则已为数百万群众所传诵而为其指导"。[③] 1926年7月北伐出师后，民众运动更是"有如潮水一样，排山倒海而来"，北伐军所到之处和将到之处，各种民众团体纷纷成立，响应革命，"当时革命的潮流非常高涨，全由于这些民众团体的原故"。[④] 国民党中央及各省联席会议宣言中也称，"国民政府及北伐军所以能在这短期间中有此种长足的进步，在

---

① 袁平凡：《中国民众运动之史的发展》，出版地不详，1931，第135页。

② 《农民运动决议案》，《政治周报》1926年第6～7期合刊，第60页。

③ 《整理党务宣言》，中国第二历史档案馆编《中国国民党第一、二次全国代表大会会议史料》，江苏古籍出版社，1986，第722页。

④ 袁平凡：《中国民众运动之史的发展》，1931，第139页。

积极方面说实在是因为中国民众运动的发展。自五卅以来，全国的民众特别是南方的民众都开始组织起来了，民众的势力已一天大似一天"。①

但是，这一时期的民众团体虽然表面上看起来十分兴盛，却已经埋下了隐患的种子。结社行为本身是一种个人自由意志的体现，这也决定了随着社会的多元化发展，社团的种类和性质也必然呈现多元化的趋势。国民革命时期兴起的民众团体则是一种结社行为的变异，无论其结社主体属于何种职业、何种群体，都趋同成为"革命化"的社团。这种社团带有浓厚的政党式色彩，在结社目的性上是为了满足政党运动的政治需求，无论社团自身性质为何，社团活动都要为政治目标服务，结社行为原本所包含的个性化志趣被政治意志统一笼罩。

从国民党的制度设计来看，革命化民众团体不仅是革命的重要辅助力量，还要作为民意代表参与政权的重组，建立革命后的新政治秩序。早在1924年11月，孙中山就曾在《北上宣言》中提出，应召集现代实业团体、商会、教育会、各省学生联合会、工会、农会等社团的代表，共同召开国民会议预备会，并组织国民会议，以通过这些社团所代表的民意，谋求国家的统一和建设。其后，在段祺瑞执意主张召开"善后会议"时，孙中山也曾提出，希望善后会议能够"兼纳人民团体代表"。②

孙中山的主张中，"人民团体"是一个宽泛的概念，包容范围比较广，革命化的民众团体如工会、农会和非革命化的法定团体如商会、教育会都包括其中，并且商会、教育会的次序也排在工会、农会等组织之前。虽然在段祺瑞政府的操作下，善后会议并没有采纳孙中山的提议，但孙中山关于由各社团组织"国民会议"参与国家政权的主张，无疑也在他去世后成为"遗教"的一部分，成为国民党在夺取政权后重建政治秩序时必须慎重考虑的问题。

1926年10月，北伐形势总体上比较乐观，国民党开始计划对政权的重新组织，在此阶段的政权组织方案中，各种革命化民众团体扮演了十分

---

① 《中国国民党中央各省区联席会议对全国人民宣言》，国民革命军总司令部政治部编印《中国国民党中央执行委员会各省区代表联席会议宣言及决议案》，1927，第6页。

② 孙中山：《致段执政的信：关于重开国民会议》，许仕廉编著《吾志所向：孙中山的政治社会理想》，世界图书北京出版公司，2014，第69页。

重要的角色。10 月 18 日，国民党联席会议通过《国民会议召集问题决议案》，继续主张召开国民会议，并以"人民团体联合会"作为国民会议的"预备方法"。人民团体联合会是一种社团联合体，依地域分为全国联合会、省联合会、县市联合会及海外各地华侨联合会，与各级政权一一对应，含有强烈的民意代表参政意味。但是与孙中山时代的"人民团体"主要代表民意有所不同的是，人民团体联合会要受到国民党的严格控制，除了代表民意之外，还体现了更多的政党意志。决议案中规定，"各联合会应由党部发起组织之"，各级党部必须委派委员对相应的社团联合会工作加以指导，同时国民党党员要在各联合会内部组织党团，"以此方法集中党之势力，及宣传党之纲领，而成为一有力之指导者"。各级联合会制定纲领需经过党部批准，或者干脆直接由党部代劳起草，并且"党部应努力使本党所主张之纲领在各联合会通过"，而各联合会要"注意本党政府对内、对外政策"，并直接将党的政策"应用为议决"，或者通过其他宣传方式，"使其意见可以表示"。①

　　值得玩味的是，决议案中提出"此联合会须包含农、工、商、教职员、学生、自由职业者、军队及妇女团体之代表"，却并没有指出已有的农会、工会、商会或者商民协会等社团的名称，似乎表明国民党的社团政策出现了某种转变的迹象：各种革命化民众团体是否可以完全取代那些存在已久的"人民团体"，取得国民会议的代表资格，从而成为政权中的重要角色，国民党对此的态度已经不如"一大"时期那样坚决。此时的国民党虽然在军事上的进展较大，政治方面却已经出现了明显的分裂趋势。以左派为首的国民党中央显然希望由革命化的民众团体成为全权代表参与政权，而其他非革命化"人民团体"尽管失去了从前法定团体的特殊性，却并没有被明令取缔，必然也要力争其合法地位，并进一步争取获得国民会议的席位。与国民党所支持的民众团体相比，这些传统社团固然在政治势力上有所不及，但作为民间社会自身发展的结晶，代表了民间社会的选择，聚集了民间社会的资源，在面临革命化民众团体的冲击时必然会发生

---

① 《国民会议召集问题议决案》，国民革命军总司令部政治部编印《中国国民党中央执行委员会各省区代表联席会议宣言及决议案》，1927，第 29～31 页。

冲突和竞争，不会轻易退出历史舞台。但是，对于革命化民众团体而言，在这种新旧社团之间竞争的同时，更为致命的是革命化民众团体自身发生了严重分裂，国共合作下成长起来的民众团体随着国共两党政见的分歧而出现了到底"国民革命化"还是"共产革命化"的纷争，革命化民众团体的命运也随着两党关系的决裂而走向了历史的转折。

二　革命进程中社团治理的崩坏

国民党对民众团体的政策指引和社团法规的法律保障为革命化民众团体提供了充分发展的制度环境，而革命的进展迅速扩大了革命化民众团体的活动范围。国民党制定的革命化民众团体法制原来仅适用于广州及周边省市的局部地区，而随着社会运动规模的扩大，开始与北方各地奉行的北京政府社团法制产生交叉，两种社团治理的逻辑互不相容，兼以政治形势的莫测，所产生的复杂变化逐渐超出了国民党的预期。

北伐开始后，革命形势一度比较乐观，至 1926 年下半年，北伐军已经攻克了南方多省，而在军事进展顺利的同时，掌握军权的北伐军总指挥蒋介石与共产党及国民党左派的分歧日益公开化，各种社团也逐渐卷入国共间的政治斗争中。1926 年 11 ~ 12 月，国民党控制区域内的社团治理开始出现恶化和失控迹象，各种社团群体之间开始出现频繁冲突，并且冲突的广度、烈度明显增加。

社团冲突大致可以归结为三种类型。第一类是新组织的革命化民众团体与各地原有的法定团体之间的体制性冲突，主要是由于革命化民众团体冲击城乡原有的社会治理机制所产生的，如城市中工人协会组织罢工影响商会利益，商民协会试图推翻商会，农村中农民协会猛烈冲击以乡绅为主体的治理结构等。这种冲突是广州国民政府的革命化民众团体与北京政府的法定团体之间体制性差异所致，在革命过程中具有一定的必然性。

第二类是社团群体划分造成的政策性冲突，这种冲突的产生源于国民党对社团群体的认知和定位。为了便于发起革命，国民党对民众团体进行了分门别类的组织，这些社团的组织过程也就是对社会进行"分群"的过程，在此过程中部分处于"中间"地带的群体定位出现了问题。商民协会和店员工会是两种比较典型的因群体定位而产生冲突因素的社团，这两种社团都被划入了革命阵营中，但其所代表的群体又都与工商界的整体利益有密切关系，这两种社团对工商界上层进行"革命"，实际上也损害了切身的利益。对于这部分群体的定位，国民党也没有非常明确的认识，其政策频繁变化。以革命色彩较为浓厚的武汉国民政府为例，1927年6月，革命已经接近尾声，武汉的国民党中央还在考量"店员工会应否存在之问题"，并就此向商会征询意见，准备"详细讨论"。① 由于政治层面的摇摆，在斗争的需求和刺激下，处于潮流中的社团群体似乎很难找到明确的自我定位，辨认清晰的"敌我关系"，于是伴随着社会秩序的重构过程，工会、商会、商民协会、店员工会等社团的利益诉求常常纠缠在一起，都在各自立场上互不相让，其结果只能是无序的争斗，导致经济凋敝和秩序破坏。

　　第三类是革命化民众团体内部的派别冲突，这种冲突则是源于国共两党在意识形态和政治策略上的分歧，使得革命化民众团体内部形成了派别，尤其以左右派工会彼此间的冲突为多，甚至同一个工会内也分为两派互相争斗。除了两党意识形态的根本冲突之外，蒋介石派为了反共，有意识地制造和利用社团冲突。陈立夫在其回忆录中称，为了与共产党斗争，国民党针对共产党组织的社团成立各种对立的社团，"共产党的劳工组织是'总工会'，为了区别起见，我们另外组织一个'工人总会'；同样的，共产党的学生组织叫学生会，我们也成立一个组织叫'学生总会'……如此一来，不但在党部有两个相对的国共派系，在各种不同的社会团体中也分为两个国共派系，以便分开斗争"。并且，因为无法确知加入国民党的共产党员身份，为了区分谁是国民党，谁是共产党，陈立夫认为"唯一可做的就是打斗，因为一打了起来，国民党和共产党两边的人自然就会分出鸿沟来，这个办法我们在安庆已经试用过"，在陈立夫等人的密令下，"国共的公开冲突接二连三地在浙江、江西、安徽爆发"。②

　　这三种冲突互相混合，使社团的重组和替代问题交织在一起，从而导

---

① 《汉口总商会为转发中国国民党中央执行委员会政治委员会关于店员工会事宜致汉口银行公会函》，上海商业储蓄银行汉口分行档案，武汉市档案馆藏：61-1-293-8163。
② 陈立夫：《成败之鉴——陈立夫回忆录》，台湾正中书局，1994，第98页。

致社会秩序急剧恶化。前两类冲突是国民党对新的社团治理构建过程中所产生的问题，而第三类冲突则标志着民众团体本身的分裂，对于秩序的破坏性最大。随着北伐的进展，广州、武汉、上海等地先后出现了类似问题，对于迅速激化的社团冲突，国民党中央一时间来不及进行法律规范，只能通过政策指引对冲突加以调解，试图采取各种临时措施加以控制。1926 年 12 月 6 日，国民党中央政治会议通过了关于解决工会纠纷的决议，禁止工会"擅自拘人"及"擅自封锁工厂、封闭商店"，禁止工人"持械游行"及"自工厂或商店强取一切什物"，店东方面也不得"无故关闭工厂及商店"。国民党希望由官方出面干预工商界的纠纷，特别是对于军用品之制造、金融、交通及其他与公共生活有直接间接关系的事业，如果发生工人纠纷，为了"拥护革命利益及保障公共生活之安全"，由政府主持的仲裁委员会强制干预，其"裁判绝对有效"，并且"由政府强制执行之"。[1]

尽管国民党政府试图通过种种措施调和冲突，但是社团冲突广泛涉及各种群体切身的经济、政治利益，不太可能依靠"以国民大多数利益为前提"这种革命觉悟来解决，经济利益的根本对立决定了冲突的必然性，并且在经济利益冲突的背后含有愈演愈烈的国共两党政治对立，使得局势难以挽回。1926 年 12 月太原国民党左右两派冲突，总工会被捣毁，1927 年 1 ~ 2 月广州机械总工会（右派）与铁路工会（左派）工人发生大规模械斗、1 月 19 日长沙商民协会与苏广货业店员联合会发生激烈冲突，3 月 10 日湖北总工会在汉口举行反蒋宣传，与中央军事政治分校学生发生冲突，同一日福州共产派团体与反共派团体分别游行示威，发生冲突互相殴打，3 月 12 日上海、太原等多地发生国民党左右派冲突，3 月 23 日安庆反共派与共产派冲突，党部、工会及军政治部被捣毁，3 月 30 日杭州总工会与职工联合会发生冲突，互有人员伤亡。[2]

对于这一系列含有政党分歧性质的冲突，所有的社团治理措施似乎

---

① 《国民党中央政治会议对于解决工会纠纷的决议》，刘明逵、唐玉良主编《中国近代工人阶级和工人运动》第 6 册，中共中央党校出版社，2002，第 292 页。

② 参见郭廷以编著《中华民国史事日志》第 2 册，台湾中研院近代史研究所，1979，第 126 ~ 174 页。

都已经无能为力。北方政府原有的社团法规不被革命政权承认，处于废止状态，而广州政府此前所制定的社团法规本身就是为了保障民众团体在党的指导下开展组织活动，并没有预设如何去解决因党的分裂而形成的社团冲突，社团活动实际上处于无政府状态。为解救危机，已迁至武汉的国民党中央执行委员会专门召开会议讨论，通过了《统一革命势力案》，提出"中国国民党与中国共产党两党联席会议，须立时开会，讨论一般的合作办法"，希望能"统一民众运动，特别是农民与工人运动，共同指导"。① 当时仍然以左派为主的武汉国民党中央试图保持国共合作的关系，挽救局势，但这些努力在蒋介石派的破坏下未能取得明显成效，最终随着"四一二"政变及其后大规模的反共"清党"而告失败。

国民党蒋介石派宣布"清党"之后，依然宣称保护民众团体。事变后，4月17日蒋介石发出通告，称事变起因"为阻止少数分子发生叛乱行为，并非变更国民党任何政策。所有一切农工主要团体及各级党部皆照常进行，毫无更张"。② "宁汉合流"后的国民政府恢复了阶级调和的政策，试图对工商业社团的利益冲突加以居中调解，一方面派员改组各级工会，"以纠正从前错误"，另一方面对店东对工友的反攻倒算加以约束和限制，以便"拥护劳资双方利益与社会全体安宁"。③ 但是，国民政府的矛头主要还是针对民众的革命团体。随着国民党全面反共，民众团体受到明显压制，各地国民党政府纷纷通过行政命令甚至是军法对革命化民众团体进行干预，限制或者强行停止各种社团的活动。1927年7月，福建省党部筹备会发布通告，称"本省各社团纠纷时起，此攻彼讦，淆乱视听，而且分散革命力量"，在"清党"期间，"各社团无论如何不得有轨外行动，倘敢故违，即以破坏社会秩序论"。④ 1927年8月，南京特别市政府根据

① 《统一革命势力案》，浙江省中共党史学会编印《中国国民党历次会议宣言决议案汇编》第1册，第173页。
② 王正华编注《蒋中正总统档案：事略稿本》第1册，台北国史馆，2003，第218页。
③ 《汉口总商会为转发省政府关于派员改组各级工会公函致上海银行汉口分行函》，上海商业储蓄银行汉口分行档案，武汉市档案馆藏：61－1－293－8166。
④ 《中国国民党福建省党部筹备委员会通告》，《福建党务半月刊》1927年第2期，第91页。

国民政府的指令，拟具了《取缔集会结社办法》，规定凡是集会结社行为，必须提前五日呈报地方警局，警方审查批准并派员监视后才可以举行，如监视人员认为集会结社不合法时，可以"随时制止"。[①] 1927 年 8 月，江西省政府宣布，为了"肃清本党，防患将来"，"所有各级党部及农工商学妇女各团体着即一律停止工作，听候中央派员检定"。[②]

1927 年 12 月 13 日，蒋介石在上海举行记者招待会，发表了对时局"个人的意见"，表示"一切民众运动应暂时停止"，直到国民党"确定指导方针及办法之后，重新再来做起"。[③] 1928 年 1～2 月，国民党在江浙、湖南、湖北等多地都命令停止民众运动，解散各类民众团体，[④] 至此，国民革命时代的民众运动随着新政府的强力压制而基本终结。

从 1924 年国民党"一大"开始确定革命化民众团体的组织政策，到 1927 年"四一二"清党，革命化民众团体的兴起和衰落基本上与国共两党从合作到分裂的历史进程同步，反映出革命时期政治斗争对于社团治理的决定性作用。在国共两党的分裂局面下，没有任何组织能够对各种对立的社团发布统一的政令，也没有任何制度能够规范各种社团的行为。两党彻底分裂之后，国民党的"清党"反共不但打击了共产党，更使得自身的基层组织受到了严重损失，极大损害了国民党在民众团体中的威信。这也是国民党"清党"后实行一党专政，却很难再重新构建比较有效的"国民革命化"社团制度的重要原因。

塞缪尔·P. 亨廷顿指出，"革命摧毁旧的社会阶级，摧毁通常由等级地位所造成的旧的社会分化基础及旧的社会分裂。革命为所有获得政治意识的新团体带来新的团体感和认同感，如果认同是现代化过程中的关键问题，那革命就为这个问题提供了一个结论性的（虽说是代价昂贵的）答

---

① 《呈复国民政府为拟具取缔集会结社办法由》，《南京特别市市政公报补编》1927 年 8 月 24 日，第 58 页。

② 《文电：江西省政府通电停止本省各级党部及农工商学妇女各团体工作由》，《江西省政府公报》1927 年第 1 期，第 46～47 页。

③ 《蒋氏演词纪要》，《申报》1927 年 12 月 14 日，第 14 版。

④ 可参见《鄂省各团体被解散》，《申报》1928 年 1 月 4 日，第 7 版；《浙省停止民众运动》，《申报》1928 年 1 月 9 日，第 4 版；《湘政会取消各民众团体》，《申报》1928 年 2 月 21 日，第 7 版。

案。"① 南京国民政府的成立标志着国民革命阶段性的结束，与国民革命相伴随的民众运动和社团冲突也随着国民党宣布革命胜利而逐渐平息，但革命所到之处，社会秩序中那些"旧的社会分化基础及旧的社会分裂"受到了沉重的打击，如何在革命之后建立"新的团体感和认同感"，成为摆在南京国民政府面前的难题。

---

① 〔美〕塞缪尔·P. 亨廷顿：《变化社会中的政治秩序》，王冠华等译，上海人民出版社，2015，第 255 页。

第三章　南京国民政府对社团治理的重建

国民革命时期属于国民党"党治"理论中的"军政"阶段，各种民众团体按照革命斗争的需求普遍得以组织，而这些社团与党和政府之间究竟彼此关系如何，主要依靠方向性的政策加以笼统性的指导，并没有清晰、具体的权责划分，而仅有的几部社团法规在很大程度上也只是革命政策的再现，对于国民党建国后社团法制的建设显然难以胜任。南京国民政府成立后，瓦解的社团法制开始进入整理和修复的阶段。在新的党治策略下，国民党中央试图以法制化的"人民团体"取代从前革命化的"民众团体"，将社团从革命时期政治运动的组织转变为建设时期民众训练的平台，发布各种政令对社团开展大规模的"整理"，并重新规范社团的组织系统，开始对社团治理进行重建。

第一节　社团治理政策的调整

自南京国民政府成立初期，国民党高层就高调宣称要实施"法治"，在 1928 年 2 月 7 日发布的第二届四中全会宣言中宣称，为了按照建国大纲开展内政建设，"第一项决定确立法治主义之原则"。[①] 6 月北伐军占领北京，全国大局已定，6 月 12 日南京国民政府发布宣言，将"厉行法治"列为训政实施方案之首，宣布"今全国统一，训政开始，一切政治主张，务使成为有条理之法律；政治组织，务使成为有系统之制度。而后可以厉行无阻，成为有力之保障"。[②]

国民党高层推行"法治"的观念对社团治理的重建有重大的影响。1928 年第二届四中全会期间，蒋介石等人的提案中即主张迅速制定颁布

---

① 《中国国民党二届四中全会宣言》，中国第二历史档案馆编《中华民国史档案资料汇编》第 5 辑第 1 编"政治"2，江苏古籍出版社，1994，第 17 页。

② 《国府对内宣言》，《申报》1928 年 6 月 13 日，第 4 版。

工会、农会等各种社团相关的法规，以便各级政府主管机关对民众团体进行指导，并运用法规对工农运动加以严格限制。[1] 1928 年 8 月 11 日二届五中全会通过的《民众运动案》宣称："人民在法律范围内，有组织团体之自由，但必须受党部之指导与政府之监督；政府应从速制定各种法律，以便实行。"[2]

虽然国民党高层有着迫切推进社团法制的需求，但国民党组织下的民众团体与一般的近代社团不同，不是民众结社意愿的自觉行为，而带有浓厚的意识形态色彩，其产生发展及功能属性都依赖意识形态的指导，因此在南京国民政府成立后，社团法律地位的确认必须以澄清其理论基础为前提。国民党实行"清党"并宣布停止民众运动后，党内外的思想一度比较混乱，关于国民党现时应采取的政策、未来的发展方向等诸问题，都产生了激烈的争论，在"清党"中受到残酷迫害的共产党人也通过宣传指责国民党的政策，认为"国民党根本不要民众"，[3]"要不要民众"一时成为各派争论的焦点。国民党需要从政策层面加以调整，为"训政"时期的社团法制确定一个新的理论基础。

一　从"民众团体"到"人民团体"

南京国民政府对社团新秩序的理论构建主要源自党内反对派的挑战和异议。蒋介石宣布停止民众运动后，以汪精卫"改组派"为代表的国民党内反对派对南京国民政府的方针提出了强烈的质疑。1928 年 5 月 7 日，改组派干将陈公博在《今后的国民党》一文中公开质疑蒋派停止民众运动的命令，并提出了关于加强社团组织的主张。陈在文中认为，"军政"时期的民众运动在共产党影响下确实有不少"错误"，需要加以纠正，"但是我们只有以'正当'改'错误'，决不能以'错误'改错误，尤其不能以'停止'改'错误'"。改组派主张，国民党依然需要依靠广大民众，尤其

---

① 中华民国史事纪要编辑委员会编《中华民国史事纪要初稿·中华民国十七年（1928）·一至六月份》，1987，第 176 页。

② 《民众运动案》，中国第二历史档案馆编《中华民国史档案资料汇编》第 5 辑第 1 编"政治"2，江苏古籍出版社，1994，第 55 页。

③ 陈独秀：《国民党根本不要民众》，《布尔塞维克》1928 年第 1 卷第 14 期，第 34 页。

是要积极组织工农团体并完善其功能。工会组织应"消灭工会的地方主义和行会色彩","置工会完全于党部指导之下，使每个工会都得到党部的直接训练"；农民协会要由党严密控制，其行动要加以"严切指导","不单使其为农民革命的机关，并且使之为生产指导的机关"。改组派还提出，应该停止党内对商会系统和商民协会系统的人为割裂，"而使商人得一个整个的组织"，同时通过地方合作事业等途径使工人和商人之间能够建立"经济的沟通线"，从而"逐渐泯除两阶级的歧点"。[1]

改组派强调国民党与民众关系密不可分，明确表达了"要民众"的态度。这本质上是革命时期革命化民众团体政策的延续，仍然希望将原来广东地区社团法制的架构推广到全国，只不过希望将各种革命化民众团体的主导权从共产党转向国民党，以稳固国民党的民众基础。改组派的精神领袖汪精卫也公开提出，"党是在民众之内的，并非在民众之上，尤其非在民众之外","我们既认定党是在民众之内的，所以我们的主张，不但对于上述各种民意机关，即对于各种民众团体，如商人团体、工人团体、农民团体等等，都是应该尊重他们以独立，党只能用种种工夫，使之自动的接受党的领导，绝不能加以压迫，如今南京党部对于各种民众团体直视为一种工具，随意操纵，我们认为强奸民意，十分痛恨，我们主张党的彻底改组，正是为此"。[2]

与改组派主张尖锐对立的，当属国民党内支持蒋介石清党反共的吴稚晖、蔡元培、李石曾、张静江等"四大元老"一派。元老派认为，国民党组织民众团体、发动民众运动是为了辅助革命并夺取政权，夺权后即应停止，"在此时运动，目的何在？岂能运动民众来反对自己吗？"[3] 既然已经完成了从在野党到执政党的角色转变，就应当停止民众运动，而将重心转向国家建设。

改组派与元老派的根本分歧并不在"要不要民众"，而在于"要民

① 陈公博：《今后的国民党》，《革命评论》1928 年第 1 期，第 1～15 页。

② 汪精卫：《党治之意义》，《中华民国史史料外编——前日本末次研究所情报资料》第 30 册，第 92 页。

③ 关于两派的争执，可参见《王子壮日记》第 2 册，第 266～268 页。转引自王奇生《党员、党权与党争：1924～1949 年中国国民党的组织形态》，华文出版社，2010，第 157 页。

众"的目的性。一派坚持发动民众推进社会革命，一派主张组织民众从事社会建设。这种分歧反映在社团政策上，即表现为前者坚持由党来组织和指挥各种"革命"的革命化民众团体，继续革命式的政治运动，后者则认为应当停止政治运动，通过颁行法制来限制和利用现有社团，将国家重心转向法制框架之下的经济建设和社会发展。

改组派与元老派两者之间关于民众运动和民众团体的分歧，与当时国民党"清党"造成意识形态的混乱有很大关系。国民革命时期的民众理论与社团政策是苏式革命体系的组成部分，革命化民众团体的活动主要是以阶级斗争理论为指导，以革命运动的方式开展，并在实践中爆发出了强大的能量，中国共产党在社团活动中发挥了重要作用。自国民革命开展以来，国民党的基层党部在共产党的组织下做了很多组织民众方面的工作，国民党的基层党员有不少左派和共产党的拥护者。国民党中央推行清党反共之后，排斥阶级斗争理论，要将共产党在国民党中的影响予以消除，但是国民党中央并不敢公开和直接反对民众运动，否则既有违背孙中山"遗教"之嫌，又可能动摇新政权的民众基础，而只能表示民众运动"暂时停止"。清党时期的一段疾风骤雨过后，革命化民众团体并没有完全解散，而在"暂停"的状态下，这些组织应当何去何从，成为国民党中央必须解决的问题。

面对改组派的挑战，在国民党内地位颇高的元老胡汉民站在蒋介石一方，为南京新政权出谋划策。为了在各派纷争中稳定局面，胡汉民与蒋介石结成了一文一武的政治联盟，胡汉民"屏置一切而注意三事"，承担了为新政权诠释三民主义、重构民众理论的任务。胡汉民主张，对于各种民众团体，既要"保护民众团体组织的自由"，又要"制定训练民众团体的方法"，以防其他政治力量"引诱或胁迫民众团体离开党与政府的指导训练而破坏革命之进行"。胡汉民将民众团体的组织与训政的推行结合在一起，强调要从民众团体在地方上的基本组织着手，"以植训政时期县自治的基础"，民众团体要在训政下的政权建设中起到基本骨架的作用。在民众团体的基本组织尚未完善时，"非得党与政府之许可，民众团体即不得任意组织上级机关，以免奸人截断民众树立民主的自治之根基而利用之为破坏革命的工具"。胡汉民特别强调，民众团体不得自行拥有武装力量，

"尤须解除非属于革命武力系统之一切武装，使民众完全受革命的武力之保护"。①

除了对民众团体提出种种限制和约束外，胡汉民的理论体系中还刻意对"民众团体"这一概念做淡化处理，而试图以"人民团体"取而代之。"人民团体"本是自清末民初即有的称谓，常用来泛指包括教育会、商会、农会等各种长期存在的社团。对于这些社团的泛称还有公团、法团等，基本没有明确的定义，概念彼此之间的差别也难以分辨。南京国民政府对于"人民团体"这一概念的使用，经历了一个从沿用到改造的过程。孙中山在世时对"人民团体"概念的使用属于尊重现实的沿用，如前文所述北上宣言中所提到国民会议中的"人民团体"，而在广州国民政府时期的文件中，还有直接使用"社团"这一称谓的。② 但是自工农民众运动兴起，"民众团体"则成为国民革命中普遍使用的概念，一般专指由国共两党组织发动的工人协会、农民协会、商民协会、妇女协会等革命化的革命团体，而国民革命之前即存在的各种社团常常被排斥在这一范围之外。

国民党"清党"后，试图对民众运动采取限制和改造的策略，以期既不明显违背孙中山对民众运动的"遗教"，又可以消除共产党对于民众团体的影响，使民众为国民党所用。国民党右派对于革命时期的民众运动深恶痛绝，在其影响之下，国民党中央的话语体系也发生了改变，革命时期带有斗争色彩的"民众团体"一词开始逐渐被带有法律意味的"人民团体"所替代，以淡化对于革命时期的记忆。

1929 年 3 月 15 日，胡汉民在国民党"三大"开幕词中提出，要通过地方自治推进民权的训练，直至达成宪政后，"众人才能变成人民，才能谈到一切民权的行使"。③ 在胡汉民的主持下，"三大"所通过的决议案中也提出"过去所作之民众运动，只知顾及民众之组织，而全未顾及人民全体在社会生存需要上之组织。故其结果则只见以一部份少数人民变为民众

---

①　胡汉民：《国民党民众运动的理论》，中央政治会议武汉分会，1928，第 82～83 页。
②　参见《国民党中央执行委员会关于不许现任买办为行政官吏及各社团董事函令》，中国第二历史档案馆编《中华民国史档案资料汇编》第 4 辑上册，江苏古籍出版社，1986，第 126 页。
③　胡汉民：《第三次全国代表大会的使命》，《革命理论与革命工作》，民智书局，1932，第 240 页。

之运动，而不见以一部份民众扶植大多数人民社会的组织之运动"。从这些表达可见，国民党有意识地对"民众"与"人民"两个词予以性质上的区别，并进而在 1929 年 6 月国民党三届二中全会通过的《人民团体组织方案》中，对各种社团开始合并使用"人民团体"这一概念，此后虽然也还有"民众团体"的表达，但"人民团体"更为广泛地被用于官方对社团的概括和定义。

"民众团体"和"人民团体"仅有一字之差，但标志着社团构成主体的变化。"人民"是自约法以来就普遍采用的法律概念，以"人民团体"取代"民众团体"的变化反映了国民党试图将社团由政治引导转向法制约束的倾向。①

二　从"民众运动"到"民众训练"

在社团的构成主体由"民众"转向"人民"的同时，国民党对于社团功能的认识也发生了变化，逐渐从"民众运动"转向"民众训练"。

这种变化首先在国民党社团管理机构的调整上表现出来。国民革命时期，国民党中央的社团管理机构按照农民、工人、青年、妇女、商民五种民众类别分设了五个部门。南京国民政府成立后，1927 年 9 月 27 日国民党中央特别委员会第 4 次会议上将农民部、商民部名称改为农人部、商人部，权限未做大的调整。② 至 1928 年 2 月国民党第二届四中全会期间，蒋介石等人提议改组中央党部，认为原有分设青年、农、商和妇女等独立部门削弱了党对民众运动统一协调的能力，导致各行业为追求自身利益而发生分歧和冲突，妨碍团结并增加阶级斗争的危险性，因而主张设立新的统一中央机构取代。全会通过了该提案，决议"各部合并为民众训练委员会，直隶于中央执行委员会，掌理民众团体的组织训练"。③ 至此，革命

---

① 目前尚未发现南京国民政府明令要求使用"人民团体"这一概念，而且有部分官方文件和言论对这两个概念也没有严格区分，存在随意混用的现象，有时同一段话前后表达也不相同，不妨将这种表达上的混合视为是革命化民众团体与各种非革命化民众团体并存事实的一种表现。
② 《二十世纪中国实录》编委会：《二十世纪中国实录》，光明日报出版社，1997，第1535页。
③ 《中央党部关于调整机构之建议》，中国国民党中央秘书处编印《中国国民党第二届中央执行委员会第四次全体会议记录》，1928，第102～105页。

时期按照民众团体类别分管的社团管理体制结束，开始进入由专设部门合并管理的阶段，民众训练委员会的设立也标志着民众团体的职能开始由"运动"转向"训练"。

国民党中央刻意淡化民众运动和民众训练之间的区别，称"民众运动和民众训练没有什么大分别，训练中一定有运动，运动中一定有训练"，[①]但从社团的角度来看，"训练"具有明显的被动性，国民党以施训者角色处于高高在上的地位，与国民革命时期党深入民众组织发动的行动相去甚远。新的"人民团体"保留了国民革命时期革命化民众团体某些形式上的特点，但民众训练的既定政策使社团臣服于国民党的威权下，革命时代党的号召力在这些人民团体中已经一去不返了。

国民党进一步将民众训练与"训政"进行理论上的融合，以"训政"来为"训练"提供理论根据。1929 年 3 月 21 日，国民党通过的《确定训政时期党、政府、人民行使政权、治权之分际及方略案》中称，"总理遗教认定由国民革命所产生之中华民国人民，在政治的知识与经验之幼稚上，实等于初生之婴儿；中国国民党者，即产生此婴儿之母"，国民党要对人民这个"婴儿"担负"保养之、教育之"的责任，这也就是所谓"训政"的目的。人民既然只是"初生之婴儿"，当然不能赋予其完整的权利，必须要通过国民党的指导，使人民能够完成使用选举、罢免、创制、复决四权的训练，"始得享受中华民国国民之权利"。

人民不过是"婴儿"，那么"人民团体"也不过是一群"婴儿"而已，当然更要加以"保养"和"教育"。国民党明确提出，为了"求达训练国民使用政权、弼成宪政基础之目的"，对于人民的集会、结社等自由权，要"在法律范围内"加以限制。[②]

南京国民政府对于政权、治权的"分际"，将国家政治权力集中到国民党中央，把人民视为扶不起的阿斗，这源自孙中山权能分离的理论，却背离了孙中山晚年所主张以人民团体组织"国民会议"的方案。在国民党新政权看来，"幼稚"的人民团体亟待训练，显然尚不具备组织国民会议

---

① 《中央党部六日纪念周》，《申报》1928 年 8 月 8 日，第 9 版。

② 《确定训政时期党、政府、人民行使政权、治权之分际及方略案》，《中央党务月刊》1929 年第 10 期，"决议案"，第 22～24 页。

并参加国家政权的资格。

1929 年 3 月，国民党"三大"进一步提出了民众运动的四项方针，对社团的组织及活动做出了指示。方针承认民众团体组织的必要性，但须"以人民在社会生存上之需要为出发点"；对于已有的农工社团，要通过国民党的指导，"增进其知识与技能，提高其社会道德之标准，促进其生产力与生产额"；对于男女青年，应"极力作成学校以内之自治生活"，并大力提倡"科学与文艺之集会、结社与出版"。①"三大"的民运方针已经将社团功能中的政治性完全消除，而转向了经济、文化等方面。

1930 年 3 月 5 日，国民党第三届三中全会通过了《训政时期民众训练方案》，对"三大"所提出的方针加以重申和细化。该方案规定，各种社团均应"以自动组织为原则"，似乎仍然倡导结社自由的观念，但是方案又明确规定"党部应指导各种人民完成其组织"，并且"党部应指导各种人民团体为健全之组织"，使得结社自由大打折扣。国民党认为，"必须使人民有健全之组织，而后训练工作之进行方易著有成效"，社团可以存在，但必须按照国民党的"健全"标准进行组织，以便于利用社团推行民众训练工作。②

在"训政"的体系下，民众训练成为训政时期社会建设的组成部分。此后，尽管国民党多次根据政治需要强调"民众运动"，但也只是以"运动"之名，行"训练"之实。在新的社会秩序下，社团不再有"运动"的自由，而只能按照国民党的指示，辅助推行由官方主导的各种"运动"，社团也由民众运动的组织平台转变成民众训练的训练场所。

第二节　社团的整理与规范

南京国民政府对于社团治理逻辑的调整为从速制定社团相关法律提供了理论基础，但国民政府的立法机构成立较晚，系统性的社团立法工作迟

---

① 《中国国民党第三次全国代表大会对于第二届中央执行委员会党务报告决议案》，《中央周报》1929 年第 44 期，第 19～24 页。
② 《训政时期民众训练方案》，《中央党务月刊》1930 年第 20 期，"决议案"，第 26～28 页。

迟未能开展。南京国民政府的组织架构依据孙中山提出的"五院"制而设，其中立法院是"造法及促进实行法治之机关"，[①] 大概是为了彰显郑重，立法院的筹备组织进展比较缓慢。1928 年 10 月 24 日，国民党中央政治会议通过了胡汉民等四委员提出的立法委员任用标准，对委员人选"当首重其在党之历史，必其人曾为党国效忠，在革命过程未尝有违背党义之言论行动者，而又于法律、政治、经济有相当之学识经验。具此资格技能，庶几于训政时期能践行其职务而无憾"，[②] 立法院随即以此标准广泛搜罗各界精英组建立法团队，并于 11 月 7 日正式公布了立法委员人选。[③] 随着各地立法委员先后进京，又过了一个月，直到 1928 年 12 月 8 日立法院召开成立会，工作才算是正式启动。

从 1927 年 4 月 18 日南京国民政府宣告成立，至 1928 年 12 月 8 日立法院正式成立，这中间一年多的时间国民政府没有权威的社团立法机构。国民政府废止了北京政府颁行的《治安警察法》，解除了一般性结社的法律限制，对于北京政府时期的社团单行法规也概不承认，但除了几部国共合作时期颁行的革命化民众团体法外并没有及时颁行新的结社法规，从而使结社行为处于法律上的放任状态。以上海普遍存在的工商同业公会为例，国民革命军占领上海后，新政府并不承认北京政府施行的《工商同业公会规则》，而新的同业公会法规又尚未出台，对于各行各业公会的组织活动只能临时处置。1927 年 10 月，新成立的上海饼干糖果罐头食品同业公会向上海市政府呈请备案，由于法规缺失，市政府对此仅表示"准予暂行备案"，但要求待法规公布后"再行遵章呈请登录"；[④] 而上海县竹商同业公会则是已成立数年的同业组织，该公会在政权更替后积极改组，于 8 月间召开会员大会，提出"以前订会章及董事等名目与现时制度已不适用，是应加以改正，此后当以奉行三民主义、谋同业之幸福为主旨"，并修改会章改组为委员会制，遂呈请上海县政府备案。上海县政府认为"各商业组织公会均依照旧有工商同业公会规则办理，现已不能适用，而新法

①　《胡蔡李抵京后言动》，《申报》1928 年 9 月 21 日，第 9 版。
②　《中政会议决立法委员任用标准》，《申报》1928 年 10 月 26 日，第 9 版。
③　《命令》，《申报》1928 年 11 月 8 日，第 4 版。
④　《饼干糖果公会准予备案》，《申报》1927 年 10 月 6 日，第 11 版。

规又未奉颁行，无从依据"，呈请江苏省政府鉴核，江苏省民政厅则认为"该项改组办法事关党纪"，必须要党部核准后才可以备案，又将该事项转给了上海市党部。①

在这种状态下，不但社团的组织活动无法可依，社团的管辖权限也模糊不清。由于立法院工作迟迟未能正式启动，国民党中央只能在民众训练理论的基础上不断发布各种政令、制定各种方案办法来进行临时性应对，对社团开展了大规模的"整理"，重新规范社团的组织系统，并颁布了部分带有应急性质的社团法规，开始对社团治理进行重建，这些方案和办法成为重建时期社团法制的重要来源。

一　社团的登记和整理

1928 年 5 月，国民党第二届中央执行委员会第 141 次常会通过了《整理各地民众团体案》，对全国民众团体开展登记和整理。在这一方案的指导下，6 月国民党中央先后制定公布了《整理各地民众团体办法》《各级民众团体整理委员会组织条例》等相关办法，对民众团体的登记和整理机构设置及程序步骤进行了具体安排。

根据 6 月 7 日第 144 次常会通过的《各级民众团体整理委员会组织条例》，国民党在各级党部特设各级民众团体整理委员会，通过对民众团体的整理，"促成组织的统一及健全发展"。根据该条例，国民党限定组织的各级整理委员会与国民革命时期兴起的农民协会、工人协会、商民协会、学生会、妇女协会五种民众团体对应，并规定这些社团中如有性质相同并且"同一区域内不相隶属之两个以上者"，无论其名称是否相同，一概"应由该所属之整理委员会合并整理之"。但是，该条款又特别规定"商会不在此例"，表明此时国民党中央并不准备将商会和商民协会统一到一个社团组织中，两会分设的具体安排将在下文详述。按照整理委员会条例的规定，在整理期间，整理委员会广泛负责对各类社团的调查、清理和整顿等各项工作，包括调查社团的基本情况、办理社团总登记并代行社团

---

① 《咨上海特别市党部请核覆上海县竹商同业公会改组章程由》，《江苏建设公报》1927 年第 4～5 期，第 23 页。

执委会的职权，筹备社团成立、指导社团组织及其活动、划分社团支部或分会、掌管社团的文书、依照法定手续举行社团职员的选举等。整理委员会的人员主要由"各该党部之民训委之职员、各该同性质之民众团体之职员"构成，如果人员不足分配，还可以"由民训会另行遴选考查合格之人员充之"，并且规定各级党部派出的整理委员不得超过该地民众团体整理委员会人数的三分之一。① 之所以有这样的人数限制，据国民党中央民训会的解释，其"立法原意，所以示本党整理民众团体纯为民众本身谋利益，并无代办民众团体之意"。②

整理委员会的设置，根据社团的不同性质及所在的区域也有所区别，对于"大工业区或有其他特殊情形的民众团体"，由国民党中央直接指派整理委员，各省县市内的社团则由其对应党部委派整理委员。③ 整理委员会的最低层级为县一级，"自县以下各级即由县整理委员会直接整理之，不另设整理委员会"。④

1928 年 6 月 28 日，国民党第二届中央执行委员会第 150 次常会通过了《民众团体会员总登记规则》。该规则系根据《各级民众团体整理委员会组织条例》第 5 条第 2 款制定，将社团会员登记视为社团整理的一部分，规定各种社团应于登记开始后两个月内完成会员登记工作，同时规定，凡有反对国民党之言论行动确有实据、有侵吞该团体公款曾被告发有据、曾损坏该团体名誉确有实据和于职业上或地位上与该团体之性质并无密切关系之一者，不许登记。⑤

国民党中央特别强调，所有的整理机构和整理程序"系为整理各地已有组织之民众团体而设，与重新组织各地民众团体者迥异，所有各地民众

---

① 《各级民众团体整理委员会组织条例》，《中央党务月刊》1928 年第 1 期，第 38 ~ 40 页。
② 《中央民众训练委员会解释民众团体整理委员会组织条例》，《浙江党务》1928 年第 4 期，第 8 ~ 9 页。
③ 中国第二历史档案馆编《中华民国史档案资料汇编》第 5 辑第 1 编"政治"3，江苏古籍出版社，1994，第 20 页。
④ 《中央民众训练委员会解释民众团体整理委员会组织条例》，《浙江党务》1928 年第 4 期，第 9 页。
⑤ 《民众团体会员总登记规则》，《福建省政府公报》1928 年 11 月 19 日，第 68 期，第 20 页。

团体之应行整理者当以现存及已成立有案之团体为限"。① 据此可见，社团整理仅限已经成立的社团，而并不涉及新发起成立的社团，主要是对国民革命以来所积累的社团问题进行一次大规模清理。按照国民党中央的安排，各地纷纷开展对社团的整理和登记，如 1928 年 8 月 25 日，上海市政府发布训令，命令上海各种社团均须于 9 月 20 日前向市政府注册，并由市党部备案；② 8 月 30 日，江西省党务指导委员会致函江西省政府，要求江西省内的社团"未经敝会派员整理以前不得自由活动"，并请江西省政府通令各军警机关，"务切实制止，俾免轨外行动"。③

二　社团组织系统的规范

社团是社会分群的组织形态，代表了不同的群体利益，而社团上下级纵向系统的完善和社团间横向联络的增加则是社团发展到一定程度后的必然现象。国民革命时期革命化民众团体是由政党根据革命需要而对民众进行的分群，其纵横系统也是政党有意扶持的结果，南京国民政府反对革命化民众团体的运动方式，但对其组织系统则有选择地予以保留，并试图加以整理和规范，引导社团建立符合国民党中央预期的组织系统。

1928 年 7 月，国民党中央制定了《中央民众训练计划大纲》，其中确定的社团组织原则为：

（一）利益不同的民众，应使其分别组织；

（二）民众组织应采取民主集中制；

（三）民众组织应采取产业别主义，因特殊情形也可设职业组织。④

1928 年 10 月，国民党中央制定了《民众团体组织原则和系统》，又对社团的组织系统进行了修正和细化，提出了关于社团组织的三条原则和三项条件。三条原则分别为"凡利益不同而义务各异的民众应使其分别组

---

① 《民众训练委员会第七号通告》，民众训练委员会编《民众团体整理委员会规程汇刊》，1928，第 21 页。
② 《上海特别市政府训令第一九三三号》，《上海市政公报》1928 年第 14 期，第 36 页。
③ 《江西省政府训令：文字第一○七一一号》，《江西省政府公报》1928 年第 36 期，第 47 页。
④ 中国第二历史档案馆编《中国国民党中央执行委员会常务委员会会议录》第 5 册，广西师范大学出版社，2000，第 278 页。

织""民众团体应各保其完整一贯的系统""民众团体应加设或改设担负建设工作的机关"。三项条件分别为"妨害社会进化的民众团体，应由政府加以法律制裁或禁止之，而党不加以扶助""非被压迫民众的组织，除妨害革命或社会利益者，应有政府禁止外，当受法律的管理，而党不加以扶助""本党用党团的方式，领导民众团体，故应指挥民众团体中党员充分活动以引导民众入于三民主义之下"。[①] 根据这些原则和条件，国民党对农工商各业团体进行了分析，并分别提出了对应的原则与方法。

关于农民社团，国民党认为国民革命时期的农民协会"以佃农为农协之主要成分，而实权又操之于无业的农民"，混淆了农民的主要成分，造成"组织上的错误"。国民党构想的农民社团"当以自耕农为中心"，并且不应该排斥百亩以上的地主，而是"无论所享有的土地若干，只要本人从事于农业劳动便得加入"。

关于工人社团，国民党认为，国民革命时期的工会范围太广，其包括店员、城市手工业者和学徒，结果造成"各地农工商联合战线的破裂"。因为店员是"无产阶级与资产阶级中间的阶级"，城市手工业者其中有部分兼营商业，"其工厂即其店铺，其产品即其商品"，而学徒"乃自愿屈身以学艺"，也不是工人那样以劳力获取报酬，三者的性质都与工人不同，"均不能加入工会"。国民党还提出，地方主义和行会问题"在工人组织中最关重要"，只能形成"向内的斗争"，必须设法铲除。

关于商人社团，国民党认为，商民协会和商会分别代表了中小商人和大商人，两者可以并存，"大商人在法律上的地位和中小商人在革命中的地位，二者有分别观察的可能，前者为本党经济政策之所在，后者为本党革命力量之所存"，因此可以将商民协会和商会分别加以组织，其中商民协会受党的领导，而商会受政府的管理，"其任务专在发展工商业及国际贸易"。同时，店员、城市手工业者、学徒也并入相应的商人社团中，店员可以组织店员总会，学徒可以并入店员总会，城市手工业者可以并入店东总会。

---

① 《民众团体组织原则及系统》，中国第二历史档案馆编《中华民国史档案资料汇编》第5辑第1编"政治"3，江苏古籍出版社，1994，第4页。以下关于各类社团的组织方法，如无特别说明均出自此处。

　　总体而言，国民党此时对于社团的分群比起国民革命时期更加细致，其中包含了不少对社会各阶层的深入观察和分析，但这个带有调和性的设计中还是有一些不甚清晰之处。如关于商民协会与商会的分别组织，其规定"在大工商业区，商民协会内各业会员，得发起各业公会，各业大工商业者得加入之"，又规定"各业公会得合组商会，商会得各组总商会"。本来国民党对这两种社团并存的构想就是认为两者的功能各异，结果组织设计却还是纠缠在一起，形成了你中有我，我中有你的局面，此后两者之间的冲突非但没有消除，反而在某些地区愈演愈烈，最终只得以保留商会、撤销商民协会的"二选一"方式解决。

　　在对社团重新进行分群的同时，国民党中央还制定了《民众团体组织系统说明书》，对社团的纵向系统和横向联合进行了设计和说明。

　　关于社团的纵向系统，国民党规定农工商青年妇女等各种社团都以"小组"为基本组织单元，由同性质小组集合开始组成社团的上层组织，依次称为"分会"、"区会"、"县（市）总会"、"省总会"及"全国总会"，下层组织应受其上层组织的指挥，并且"县（市）总会"以下的社团受相对应党部的指挥，"县（市）总会"及以上的社团则受相对应党部的"指导"。

　　关于社团的横向联合，国民党规定"各民众团体为谋自身的利益，同时又须不妨害其他团体及整个民族的利益起见，特组织各界联盟会"。各界联盟会最基层为县一级，县级以下不设；县级及以上，则由纵向系统中所规定的各层级社团联合组织本层级的各界联盟会，该联盟会受同级党部指导，并可以指挥联合组织内所包括的社团，但是各层级的各界联盟会彼此"不发生直接关系"。国民党还规定，无论是纵向系统还是横向联合，各种社团内部均组织国民党党团，接受党部的指挥，"以便在'非党团体'中巩固本党之势力"。①

　　在国民党的"指导"下，社团组织架构由原属于社团可以自主决定的事务变成官方统一的模式。国民党强调社团的组织系统应采取自下而上的组织方式，例如农会的组织问题，《农会法》颁行后原有的农民协

_____

　　① 《民众团体组织系统说明书》，《中央党务月刊》1928年第2期，第78～79页。

会"纷纷从事结束",转而组织各级农会,但河南、湖南等地党部由于组织基层农会"每感不易",呈请先组织省县农会筹备处,"以便筹备各下级农会"。中央训练部则认为"先行设立省县农会筹备处于法不合",为了解决各地党部的实际困难,推进农会组织,中央训练部规定"组织农会应依法办理,不得先行设立省县筹备处,但因各地环境不同,确有困难情形者,得由省市党部先行委派农会组织指导员若干人,分赴各地负指导各该区域内农人依法组织农会之责"。① 清末民初以来常见的社团扩展方式多是自上而下,即首先由社会知名人士联合组成上层团体,再向基层扩展,而这种方式被新政权完全否定,只能按照国民党的规定采取自下而上的层叠累加方式,同时社团的横向联合也受到党部和党团活动的制约。

除了上述关于社团方针、整理及组织等带有法规性质的文件外,国民党中央还制定了部分带有社团单行法性质的条例,其中包括1928年7月9日国民党第二届中央执行委员会第154次常会通过的《工会组织暂行条例》、7月19日第157次常会通过的《商民协会组织条例》、7月26日第159次常会通过的《农民协会组织条例》和《特种工会组织条例》等。这些条例对相应社团的会员资格、组织系统、设立程序等方面做出了一些具体的规定,并着意消除国民革命时期颁行的《工会条例》《农民协会章程》《商民协会章程》等社团法规中的革命色彩,对社团法律关系起到了一定的调整作用。这些条例带有临时过渡性质,其内容比较简单,虽然立法技术略显粗糙,却也为新政权的社团治理搭建了一个新的框架轮廓,奠定了基础。这些条例的主要作用除了维持社团秩序外,更大的政治意义在于替代国民革命时期的社团法规,从法制层面消减革命时期的政治色彩。

临时过渡性质的社团法规不可能长期维系,国民党中央对于"政府应从速制定各种法律"有着强烈的期待,但国民政府立法院正式成立之后,国民党中央并没有将社团立法事务全部转交给政府,而是采取了党和政府混合立法的方式,由国民党中央制定社团的组织制度,同时确定社团单行

---

① 《组织农会应依法办理》,《中央周报》1931年第144期,第3页。

法的立法原则，立法院秉承这些原则完成社团单行法规的立法。国民党中央也许认为通过这种方式，既能确保党在社团治理结构中的主导地位，又能实现计划中的"以党治国，是以党透过政府而实施政策，并不是党直接去命令民众或统治民众"。① 随着立法活动的深入，新的社团法制按照"以党透过政府"的方式，形成了党政二元的社团法制体系。

---

① 《国民党中央民众训练部制定之民众团体组织原则及系统》，中国第二历史档案馆编《中华民国史档案资料汇编》第 5 辑第 1 编 "政治" 3，江苏古籍出版社，1994，第 3 页。

第四章 南京国民政府社团法制体系的形成

　　1928～1937年，南京国民政府经过对社团法制的重建，在近十年的立法实践中制定颁布了一系列关于社团的法规文件，这些法规涉及从社团发起组织到日常运作的各个方面，形成了具备一定规模的社团法制体系。这是一种新型的系统性治理结构，党政并行的双轨制作为其运行机制，具体构成则包括了党务系统内的大量社团组织制度和政府颁行的各类社团法规。

　　一般意义上的法制体系或法律体系主要是指一国的法律规范按照不同的法律部门所形成的整体结构，对于体系的结构分析多是在宪法、民法、刑法等法律分类的基础上展开。本章所指的"社团法制体系"与一般法学意义上的法律体系有所区别，其中最大的差异点在于，在国民党特殊的"党国"体制下，国家的法律以国民党的政党意志为渊源，国民党通过党务系统所公布实施的社团相关制度办法等同于国家的社团立法，甚至在政治层次上优先于国家法律。在党政二元的社团法制体系中，国民政府方面所公布的社团法规除了民法、刑法中有少量一般性的规定外，都是社团单行法，而几乎所有带有社团一般法性质的文件都是以国民党党务系统的制度办法等形式公布施行的。这些党务系统内的社团制度办法难以归于严格区分的法律部门之内，强行分割也不利于对其完整的把握和认识。本章内容对于社团法制体系的结构分析，主要关注点在于党政二元机制中的权限分配以及这种机制下社团法规中两种大的类别，即国民党党务系统内的社团制度办法和国家政府层面的社团法规。

第一节　党政并行的社团管理机制

　　国民革命时期，各地党部和"革命化"社团形成了民众运动的洪流，对各地政府的职能产生了严重冲击，国民党在"清党"之后的政策转向中，逐步恢复地方政府的职能，并调整了党政在社团管理中的权限分配。根据"党国"的理论模式，南京国民政府确定了由党管理社团的原则，但是这条原则的实施又与"清党"后的现实相冲突。国民党中央虽然试图确立党的领导地位，却并不信任基层的党部和党员。随着社会秩序的逐步恢复，国民党中央不断提高地方政府在社团管理中的地位，削弱地方党部的职权，使社团管理机制逐渐由以党部为主转向了党政双轨并行，形成了双重衙门式的社团管理网络。

一　党部主导阶段的社团治理

南京国民政府成立后，其统治区域内的社团可以明显区分为两种，一种是国民革命期间由党部扶植发展的革命化民众团体，另一种是国民革命前已经广泛存在的非革命化的"人民团体"。前者与国民党的各级党部有密切的组织联系，带有强烈的政治色彩，后者则性质各异，并且与国民党没有什么渊源，甚至一度与国民党处于对立地位，在革命时期受到了猛烈冲击。但是，后者多是清末即已产生的"法定团体"，有着多年的发展历史，掌握了大量的社会资源，并依靠法律的保护长期居于社会秩序中的主导地位。国民党夺取政权后，试图颠覆这种格局，希望取代后者在民间社会中的主导地位，并将两种社团加以融合，统一于国民党的意志之下，以期对社团所掌握的社会资源加以利用，而这种策略的推行过程中，必须解决社团事务的管理权限，党政哪一方在新的社团治理结构中居于主导成为无法回避的问题。

"清党"初期，国民党各级党部依然试图保证在地方事务中的主导权。1927 年 12 月，上海党部陶乐勤即宣称"党权高于一切"是最高原则，指责各地军政结束、训政开始后"犹有军支配政、政支配党的病象"，认为宣传工作应特别强调党的地位，应将党置于政和军之前，以免本末倒置。① 根据 1927 年 6 月国民党二届中央执行委员会第 105 次常会通过的《各级党部与各级民众团体之关系条例》，此阶段社团的管理权基本上专属于各

---

① 《中国国民党福建省党部筹备委员会训令》，《福建党务半月刊》1927 年第 9 期，第 32 ~ 33 页。

级党部，"凡民众团体之组织与活动，应按其性质与范围受各级党部之监督与指导；各民众团体之活动，当地党部认为不适当时，得由执行委员会议决加以警告或纠正之；各级党部对民众团体不服从警告或纠正时，得呈请上级党部核办"，"各民众团体如发生重大事故，当地党部认为应紧急处置时，得由党部知会当地军警制止，同时呈报上级党部核办"。① 关于地方基层党部与政府在社团事务上的分工，最初的规定也是以党部为主，"各县民众团体之组织应由临时或正式县党部指导，县政府不得干涉"，县政府所承担的事务只是在社团成立后"由县党部交县政府立案"以及调解社团纠纷。②

根据国民政府初期对于党部与政府关系的一般性规定，地方党部与地方政府处于互不干涉的对等地位，"县党部对于县政府有监督之权及建议之责任，但不得强制县政府执行，县党部未正式成立时，只以努力党务工作为限"，而"县政府对于县党部有维护之实而不得干涉党务之进行"。③政府既然不能干涉社团的事务，那么实际上等于将社团事务完全归入了"党务"的范畴之内，社团的管理权属于各级党部，政府仅仅充当辅助角色。

在党部主导的这一阶段，各级政府对于社团的管理基本上无能为力。1928 年 6 月，江苏省建设厅曾致函江苏省党务指导委员会，希望从党部了解社团的组织情况："各级民众团体之组织成立，经贵会正式承认者，现有几处，名称若何，地点何在，以及负责人员之姓名，鄙厅无案可稽，相应函请贵会查照开单见复。"④ 根据 1928 年 4 月国民政府修正公布的《省政府组织法》，省政府农矿厅和工商厅分别是该省农业、渔业团体和劳工、商人团体的主管机关，而在未设农矿厅或工商厅的省区"各该厅事务由建

---

① 《中央规定党部与团体之关系》，《申报》1927 年 8 月 1 日，第 9 版。

② 《民众训练委员会第十一号通告》，民众训练委员会编印《民众团体整理委员会规程汇刊》，1928，第 22 页。

③ 《县党部与县政府之关系条例》，蔡鸿源编《民国法规集成》第 69 册，黄山书社，1999，第 152 页。

④ 《函省党部指导委员会请其开单指明党部正式承认之各民众团体以便稽考由》，《江苏省政府建设厅公报》1928 年第 12 期，第 129~130 页。

设厅掌理之"。① 而根据现有资料，江苏省当时未设农矿和工商两厅，建设厅就是该省的社团主管机关。② 江苏省属于南京国民政府统治下的中心区域，省政府建设厅对社团的基本情况却一概不知，其他地方的情况大致也可以推论。

国民党中央和基层对于社团的态度并不一致，国民党中央希望停止民众运动，将社团逐步纳入各级政府的行政管理体制内，而地方党部则希望维持对社团的组织和管理权。③ 随着国民党政权的逐渐稳固，地方党政之间对于社团管理的权限争议日益增多，而国民党高层对地方党政地位的态度越来越倾向于政府一方，各级政府在社会治理中的地位也随之逐渐提高。

1928 年 8 月国民党二届五中全会期间，国民党中央的社团管理部门民众训练委员会汇集了各地党部的意见，由常务委员朱霁青、经亨颐等人联名向全会提交了《取缔军政机关人员干涉民众运动案》。提案要求民众运动的领导权应当"绝对属于本党各级党部，任何军政机关不得无故干涉"，并对地方政府干预社团管理表示强烈不满，"行政机关及人员，应遵守中央颁布之法令，尽其监督、保护民众之责，如民众团体有越出法律范围情事发生，应商由当地党部，根据法律纠正或制止之，绝对不得依个人志趣，凭个人好恶，随意干涉"。④

党部要求掌控民众团体，对政府干预不满，而各级政府对于国民党地方党部及其指导下的民众团体干预行政也表示不满，但在"党治"体制下，政府不便直接对党部提出意见，便将矛头转向党部指挥下的社团。湖北省政府即提出，"人民团体不明行政机关之责任，每致妄肆要求，故意捣乱；人民团体不明自己之权限，每致侵越行政机关之职权；一事发生，

---

① 参见《省政府组织法》，《国民政府公报》1928 年第 53 期，第 5~8 页。

② 关于南京国民政府时期江苏省的机构设置，可参见《民国江苏权力机关史略》，江苏省政协文史资料委员会编《江苏文史资料》第 67 辑，江苏文史资料编辑部，1994。

③ 关于国民党高层对地方党政关系的态度，有学者认为是由于国民党地方组织受共产党和改组派影响较大，偏于激进，与国民党中央转向建设的思路不合，可参见王奇生《党政关系：国民党党治在地方层级的运作（1927~1937）》，《中国社会科学》2001 年第 3 期。

④ 《关于民运之提案》，《申报》1928 年 8 月 8 日，第 4 版。

行政机关及人民团体往往处理各异，无所适从；人民团体与行政机关因系统不明，指挥监督诸多窒碍"，建议中央明确规定党部、行政机关、民众社团三者相互间的关系和管理权限，"人民团体应受党部之指导，官厅之监督"，省政府还采取了以退为进的策略，要求在党治体制下行政机关仅对社团担负有限的责任，"在其责任以外之事，人民团体不得故意要求"。①

国民党中央对双方争议最初采取折中的策略，一方面部分认可来自党务系统方面的提案，如由全会通过了《取缔军政机关干涉民众运动》；但另一方面，国民党中央进一步调整了各级党部和各级政府的关系，又强调地方政府的相对独立地位。第二届五中全会通过了《各级党部与同级政府关系临时办法案》，规定"凡各级党部对于同级政府之举措有认为不合时，得报告上级党部，由上级党部请政府依法查办。各级政府对于同级党部之举措有认为不满意时，亦得报告上级政府，转咨其上级党部处理"。②1929 年 10 月，国民党中央在对浙江省党部的训令中进一步指出，"党权高于一切"只是从中央党权层面而言，地方党部并不能凌驾于地方政府之上，"训政时期党与政府之关系，系以整个的党监督指导整个的政府，非以各级党部监督指导其该同级政府"。③ 在国民党中央的强硬态度下，地方党政地位开始出现政府地位上升、党部地位下降的相应变化，对于社团管理也逐步由原来专属于党务转变为党政分担。

二 "党部指导、政府监督"二元制的形成

1928 年 7 月，国民党民众训练部制定《民众团体组织原则及系统》，提出党对于各种民众社团"是领导关系，不是命令关系。以党治国，是以党透过政府而实施政策，并不是党直接去命令民众或统治民众。所以党对民众团体，不是上级管理的关系，乃是骨干核心的关系"。④ 1929 年 6 月，

① 《明定行政机关对于人民团体应负何种责任以清权限而利训政案》，《湖北民政月刊》1928 年第 3 期，第 17～18 页。
② 《各级党部与同级政府关系临时办法决议案》，司法院编译处编纂《国民政府司法例规补编》第 3 次，大东书局，1936，第 33 页。
③ 《指令浙江省执行委员会》，《中央党务月刊》1929 年第 16 期，第 12 页。
④ 《民众团体组织原则及系统》，中国第二历史档案馆编《中华民国史档案资料汇编》第 5 辑第 1 编"政治"3，江苏古籍出版社，1994，第 3 页。

国民政府行政院转发国民党中央的命令，要求省工会、省商民协会等社团的整理委员会应"将每月工作情形呈报建设厅"，同时，设立工会、商民协会也"应呈报地方官厅立案"。① 7 月，国民党中央执行委员会又发布训令，批评"过去各地各级民众团体每月工作情形，向只呈报所属党部，对当地主管官厅类存不相属之概念"，认为"殊非所宜"，训令"在整理期间，各民众团体除将工作照章报告党部外，应向各地方主管官厅每月报告一次"。②

在国民党中央的支持下，各地政府对社团的干预力度逐渐加大，而这种干预进一步得到了国民党中央"法理"上的支持。1930 年 3 月国民党三届三中全会通过的《训政时期民众训练方案》中明确提出，为了"明确党部与政府对人民团体的权力与责任"，规定各种民众社团"受党部之指导、政府之监督"；如果社团不服从党部指导，党部必须呈准上级党部后才能予以处分，并且如果对社团予以解散，"并须转请当地政府依法执行之"；政府如果认为社团必须解散，可以依法办理，但"事前须知照当地党部后执行之"。③

依照该方案的规定，虽然党部仍然在社团管理中居于"指导"的主要地位，但政府也已经有了"监督"之权，至于何为指导，何为监督，由于并没有明确界定，仍然是争议不断，国民党中央对于地方党政机关之间的争议也常常站在政府一方。国民党第三届三中全会闭会不久，3 月 28 日，国民党中央对河北省政府和省党部关于社团管理权限的争议进行了裁决。河北省党部认为政府对于社团的"监督"不应包括解散、改组、停止活动、违法制裁四项权限，而应由党部行使。国民党中央则明确表示，根据《人民团体组织方案》和《社会团体组织程序》，政府"自应有这四项权限"，反而是党部"复不能迳自执行"。④ 这四种权限可以直接决定社团的命运，党部如果没有这些关键性的权限，对于社团的影响力显然明显弱化。

---

① 《指令：第一五四一号（十八年六月十七日）》，《行政院公报》1929 年第 58 号，第 33 页。
② 《中国国民党中央执行委员会训令》，《中央党务月刊》1929 年第 13 期，第 3～4 页。
③ 《训政时期民众训练方案》，《中央党务月刊》1930 年第 20 期，"决议案"，第 26～28 页。
④ 《训令：第一二三二号（十九年三月二十八日）》，《行政院公报》1930 年第 139 号，第 8～9 页。

随着地方党部的权威逐渐下滑，社团管理中开始出现党政倒挂的现象。政府开始制定各种社团法规，深度介入社团事务，反而将党部搁置在一边。1930 年 9 月，国民党中央训练部致函国民政府，要求"以后再有关于人民团体之各种法规颁布时，即各检送二份"，并请国民政府"转饬各院部会"，凡有对于社团的规则章程等颁行或修正时"应及时转知"。①这一阶段，连国民党中央都对政府颁行的社团法规状况不清，与前期政府对党部组织的社团全然不晓形成了鲜明的反差。

对于社团的管理，清末以来形成了以专业部门负责职业性社团和内务警察部门负责一般性社团的协作体制，例如农工商等社团由农工商业主管官署负责组织管理及业务上的指导，而内务部门则负责对所有社团的登记管理，无论具体部门设置怎样变动，这种在政府层面以综合事务与专业职能交叉管理的协作模式并没有大的变化。至南京国民政府时期，随着党政机关在社团管理权限上的调整，在政府的协作管理模式之外又多出了一层"党部指导"的职能，党部将原来政府综合性管理的职能分割掉了一部分，另外又加上了组织、训练等职能。党政机关都设置了相应的社团管理机构，形成了"双重衙门"。

从 1928 年到 1937 年，国民党中央关于社团管理的机构多次变动，随着国民党民众运动方针的变化而反复调整，前后经过了专设民众训练委员会、改设民众训练部、改设民众运动指导委员会、复设民众训练部等多个阶段。

1929 年 3 月 28 日，国民党第三届一中全会通过了《关于民众训练委员会归并训练部案》，"民众训练委员会应即取消，主管事务分别归并组织部、训练部办理"。② 4 月又通过新的中央执行委员会组织方案，规定在中央训练部内设民众训练科，同时在组织部内设民众组织科，③ 将原来民众训练委员会的社团管理职能分割到训练部和组织部两个部门内，形成了双

---

① 《训令：第三三〇五号（十九年九月十三日）》，《行政院公报》1930 年第 187 号，第 6 页。

② 《第三届中央执行委员会第一次全体会议决议案》，《中央党务月刊》1929 年第 10 期，"附录二"，第 3 页。

③ 《中央执行委员会组织草案》，荣孟源主编，孙彩霞编辑《中国国民党历次代表大会及中央全会资料》上册，光明日报出版社，1985，第 742～743 页。

头管理。这种体制显然不利于事权统一，于是很快又在 6 月 15 日的第三届二中全会上议决"关于民众团体之组织、指导及训练各事项，一律并归训练部办理。组织部不必另设民众组织科，以一事权而免工作纷歧重复之弊"，① 至此进入了由中央训练部全权负责社团管理事务的单一部门体制。

1931 年"九一八事变"爆发，在日本侵略的压力下，国民党中央决定重新举起民众运动的旗号，借助民众力量缓解日本侵略的压力，又于 12 月 26 日的第四届一中全会上将中央训练部改为了民众运动指导委员会，试图通过组织民众社团、发动民众运动来对日本形成威慑，以便于国民党暂时回避与日本的大规模军事冲突，从而能够集中军力对中共苏区进行"围剿"。

1935 年，随着日本不断蚕食中国北方领土，民族危机日渐深重；同时，经过对中共苏区的第五次"围剿"后，红军长征到达陕北，对南京政府核心地区的威胁大大降低，国民党开始加大对日战备方面的力度。1935 年 11 月，国民党召开了第五次全国代表大会，会议期间通过决议，认为"全国民众必须有极坚强之组织与极严密之训练，始能齐一心志，集中力量，以复兴民族而挽救危亡"，又恢复了中央各部的部长制度，并将民众运动指导委员会改回民众训练部，"以集中事权而统一指挥。"② 此后由民众训练部负责国民党中央的社团管理事务，一直持续到抗日战争全面爆发后社会部成立为止。

在中央社团管理部门调整的同时，国民党对地方各级党部的社团管理事务也做出了规定。1929 年 4 月，国民党三届一中全会议决"省、县党部民训会之事务，分别交省县党部之组织部、训练部办理。特别市、普通市之民训事务，由中央酌量当地情形，另行分别规定之"，③ 6 月，三届二中全会决定将组织部的社团相关事权集中到训练部后，又改为"各省一切民众训练事宜，概归各级党部训练部办理，惟特别市党部得因指导民众团

① 《训政时期党务进行计划案》，浙江省中共党史学会编印《中国国民党历次会议宣言决议案汇编》第 1 册，第 321 页。

② 《中央民众训练部工作报告》，中国第二历史档案馆编《中华民国史档案资料汇编》第 5 辑第 1 编"政治"3，江苏古籍出版社，1994，第 66 页。

③ 《中央执行委员会组织草案》，荣孟源主编，孙彩霞编辑《中国国民党历次代表大会及中央全会资料》上册，光明日报出版社，1985，第 743 页。

体事务之繁剧，经中央之特许，设立民众训练委员会以主管之"。①

　　根据国民党中央的规定，省市一级党部在党的社团管理系统内处于承上启下的中间环节，承担着将国民党中央关于社团的法规方案具体化的职责，"应按照当地实际需要，斟酌缓急，划分期限，根据中央之法令另行详定实施计划，由中央核定施行之"。此外，还要提供有关社团管理的意见，呈报社团工作的状况成绩，以及呈请指示社团工作的疑难事项。省市党部对于社团的指导主要是通过下级党部实施，一般不采取直接指导方式，"除属全省范围或有特殊关系应直接指导外，须分别指挥并督促下级党部进行之"。②

　　通过省党部向下的层层"指导"，社团组训的相关工作由省市县逐级分解，最后由国民党的基层区党部、区分部承担繁重的社团事务。根据1930年10月23日国民党三届中央执行委员会第114次常会通过的《区党部区分部指导民众训练权责》规定：区分部负责的社团事务包括指导党员如何参加各种社团，并且在社团内开展活动，同时还要负责指导该区域内社团和居民"关于思想行为及组织之训练"。③

　　除了依据社团区域范围对省市县各级党部的社团管理权限进行逐层分解，国民党还参照社团的行业类别等因素对某些跨地区的社团划分了指导权限。如铁路、海员等重要行业的工会，设立特别党部者由特别党部指导，未设立特别党部者，"归会址所在地之高级党部指导"，还特别规定，如果同地有数个高级党部，对于带有联合性质的各种社团联合集会（市民大会、各界大会等）"由同级高级党部会同领导，其有上级高级党部者得由上级高级党部领导之"。④

　　国民政府的行政系统是党务系统之外的另一套社团管理机构。清末民

---

①　《训政时期党务进行计划案》，浙江省中共党史学会编印《中国国民党历次会议宣言决议案汇编》第1册，第321页。

②　《国民党省市党部指导民众运动工作纲要》，中国第二历史档案馆编《中华民国史档案资料汇编》第5辑第1编"政治"3，江苏古籍出版社，1994，第46页。

③　《区党部区分部指导民众训练权责》，中国第二历史档案馆编《中国国民党中央执行委员会常务委员会会议录》第13册，广西师范大学出版社，2000，第72页。

④　《各地高级党部指导人民团体权限画分办法》，司法院参事处编印《增订国民政府司法例规补编》第2次，1934，第30页。

初以来政府部门都是社团法制运转中的主要角色，但是在国民党的"党国"体制下，政府在社团管理方面的地位一度有所下滑，成为各级党部的附庸。经过国民党中央有意识的扶持，才使得各级政府部门地位逐渐提升，并成为党政二元社团法制体系中的重要一级。

南京国民政府行政系统的社团管理体制总体上仍然沿袭自清末以来综合事务与专业职能相交叉的管理架构，自中央到地方政府的内务警政部门负责社团的一般性综合管理，而经济、教育等专业部门负责对相应社团进行业务指导和管理，例如根据《训政时期国民政府施政纲领》的规定，由农矿部负责改善农民组织，"健全农民团体"，工商部则负责健全工商会之组织，并"整理工会商会，促进工商团体之联络"，[①] 在国民政府的社团治理结构中，这种交叉管理的主管机关分别被称为"主管官署"和"目的事业主管官署"。从整体来看，在国民政府的五院体制下，社团相关事宜主要集中在行政院系统内，分配在工商、农业、教育等专业部门的管理权限下。律师、会计师、医师等自由职业团体则稍有例外，地方上的自由职业团体可能并没有相应的专业职能部门，因此关于其主管官署的认定原则是"凡法令有特别规定者，依其规定，其无特别规定者，为县市政府"，但是各地自由职业团体经核准成立后，都要由核准的主管官署"将其章程及职员名册递呈国府主管各部备查"。[②] 各种自由职业团体的目的事业主管官署多数也是在行政院系统内，其中律师公会相对比较特殊，其目的事业主管官署主要在司法系统。虽然交叉体制在具体对应官署上的划分可能随着部门设置的变动而变化，但总体上交叉模式一直在维持。

第二节　党政双轨的社团法制

南京国民政府自成立初期，就开始制定关于社团设立和组织的法规，试图通过社团发起、申请、审核以及改组等方面的法令对社团进行控制和规范。"党治"体制下，社团事务被视为党务中的一类，国民党开始施行

---

① 《训政时期国民政府施政纲领》，徐百齐编《中华民国法规大全》第 1 册，商务印书馆，1936，第 12 页。

② 《解答自由职业团体组织办法之疑义》，《中央周报》1931 年第 158 期，第 9 页。

"训政"后，以中央执行委员会及其下属社团管理部委的名义发布了一系列关于社团基本组织的制度办法。这些制度办法属于党务系统的内部文件，其产生于国民党的内部会议，并未经过国家机关的正式立法程序，并非严格意义上的国家法律，但在"党治"体制下，这些党的文件却通过国民政府的追认，成为社团必须遵守的普遍规范。虽然国民政府也曾在约法、宪草等宪法性文件中规定了结社权，但在"党国"特殊环境下的社团法律实践中，国民党中央颁行的社团组织制度才是事实上的社团根本法，是其他所有社团法规的上位法。在这些制度中，最为重要的是社团的组织方案和改组办法，前者主要针对新成立的社团，后者主要针对既存的社团，两种制度综合反映了国民党试图将社团全面纳入其管理和控制范围的意图。

一 党部主导的社团组织制度

在国民党公布实施的社团组织制度中，前期在发起组织程序方面主要文件为《人民团体组织方案》。1929年6月17日，由于"旧有人民团体组织法规多不适于训政时期之需要，而新法规又尚在拟订之中"，为了解决社团成立的法律依据问题，国民党三届二中全会议决通过了《人民团体组织方案》。该方案是在国民党"三大"所制定民众运动四条原则的基础上对社团发起组织程序的具体规定，将各类民众社团分为"职业团体"和"社会团体"两种，前者包括工会、商会、农会等，后者包括学生团体、妇女团体、慈善团体、文化团体等，基本上将清末民初已经存在的社团与国民革命期间组织的民众团体都包括在内，成为包容范围较广的社团概念。

该方案对党部与社团之间的关系做出了指示和限制，要求党对于合法的人民团体应当"尽力扶植，加以指导"，对于违反三民主义的行为，应当"加以严厉之纠正"。但是，该方案并没有赋予党部对社团的惩罚权，对于"非法之团体"，党部只能"尽力检举"，由政府来加以制裁。

该方案详细规定了职业团体的一般组织程序，并对党部和政府的分工进行了划分。根据该方案规定，职业团体的组织大致要经过四道程序。一是申请许可。职业团体的发起申请必须经过"五十人以上之联署"，准备理由书，向当地高级党部提出申请。二是党部的"视察"和"指导"。党部接受申请后，先是派员"视察"，认为合格者即发给许可证书，然后再派员"指导"。三是职业团体的"筹备"。职业团体获得党部许可后应在党部的指导下组织筹备会，拟定章程草案，再次呈请当地高级党部核准，然后才能进行组织，同时还要"呈报政府主管机关备案"。四是立案。职业团体组织完成后，"经当地高级党部认为健全"，才能呈请由政府立案，至此方才完成组织程序。

从上述规定可见，职业团体的组织步骤相当复杂和繁琐，并且主要决定权在当地高级党部。职业团体自发起到成立，至少要经过党部三次审核，而政府仅仅只是对党部确认的结果履行备案和立案的手续。该方案对于职业团体的发起组织有比较详细的规定，而对于学生、妇女、慈善、文化等"社会团体"则语焉不详，仅一句话带过，"社会团体应在党部指导、政府监督之下组织之，并须依法呈请政府核准立案"。[①] 相对于职业团体严格、详细的规定，对社会团体的规定相当笼统，表明国民党在此阶段对于社会团体的组织管理尚未予以足够的重视。

《人民团体组织方案》经国民党全会公布之后，1929 年 12 月，南京国民政府又以训令向各省市抄发了《人民团体设立程序案》，要求各职业团体和社会团体都应按照《人民团体组织方案》所规定的程序，接受党部的指导之后，"方得依照现行各该关系法规之规定设立之"，[②] 通过政府的追认，使《人民团体组织方案》具有了超出社团单行法规之上的普遍效力。

《人民团体组织方案》对社会团体的规定过于简略，不利于党部对社会团体的掌控。1930 年 2 月 3 日，国民党第三届中央执行委员会第 70 次常会通过了《社会团体组织程序》，对社会团体的发起组织做出了比较详细的规定。该文件的大致结构与《人民团体组织方案》相似，主要不同之处有两点，一是对于发起人的要求较低，仅要求"五人以上联署"即可，二是并没有如职业团体那样严格限制会员资格，而是由社会团体通过章程

---

① 《人民团体组织方案》，《中央周报》1929 年第 55 期，第 21～22 页。
② 《公布人民团体设立程序案令》，《行政院公报》1929 年第 106 号，第 19～20 页。

自行决定。该文件还规定，已有的社会团体如果在原来设立时没有经过党部许可，则必须"呈送各该会章程及职员、履历表、会员名册各三份申请许可"，向党部重新申请，经过党部视察合格并重新核准章程后，再呈请政府立案或备案。① 这样一来，社会团体无论是新设还是既存，也都被纳入组织程序的范围之内，都需要得到国民党党部的审批核准才能合法成立。

《社会团体组织程序》对《人民团体组织方案》起到了补充作用，使职业团体和社会团体的发起组织都有了比较详细的规定。在国民党中央公布这几部组织法规的同时，国民政府立法院也制定公布了《商会法》《工商同业公会法》《工会法》等关于工商社团的单行法规。国民党制定的社团组织制度属于普遍性的规范，在法律实践中起着一般法的作用，而各种社团单行法规同时具有效力，从而对社团形成了多重的法律约束。但是，这些多重的约束如果在法理上协调一致，则可以发挥多重效力，而如果存在内在冲突，则会对法律效力产生不良影响，国民党中央制定的社团组织制度在与国民政府颁行的社团法规并行时，出现了理解上的歧义和执行中的漏洞。

例如，《人民团体组织方案》中规定，职业团体的发起人需要"五十人以上"，而《商会法》《工商同业公会法》作为典型的职业团体法规，却都规定不以自然人为组成单位。《商会法》规定商会由同业公会或商店发起设立，而《工商同业公会法》规定同业公会由公司、行号发起设立。1930 年上海市政府在办理社团注册的手续时，即认为党政颁布的两种法规"显有抵触"，经由国民政府行政院转送立法院和国民党中央训练部加以解释认为，商会、工商同业公会与其他以个人组成的社团不同，发起人应以相应单行法为依据，"自可不受人民团体组织方案之制限"。立法院商法起草委员会还对此做出了法理方面的解释，将《人民团体组织方案》视为普通法，而将《商会法》和《工商同业公会法》视为特别法，"按照立法惯例，特别法之适用亦优于普通法"。②

---

① 《社会团体组织程序》，《中央党务月刊》1930 年第 19 期，第 54～55 页。
② 《中央解释工商业团体组织法》，《工商半月刊》1930 年第 13 期，第 10～11 页。

　　除了党政规定不同造成的歧义外，国民党中央公布的法规文件自身也有瑕疵。如前文所述，《人民团体组织方案》对于职业团体和社会团体都作了规定，但主要内容基本上限于职业团体，其后又公布《社会团体组织程序》，虽然弥补了社会团体程序不清的缺漏，但两者并存显然在逻辑上有不通之处。

　　为了解决上述种种矛盾，1930 年 7 月 17 日国民党第三届中央执行委员会第 101 次常会通过了《修正人民团体组织方案》，在技术规范方面有显著提高，将不同类别社团的相关规定以比较清晰和精练的语言统合在一起，并且十分注意对已有社团单行法规的援引，以弥补党政法律文件并行时出现的法律漏洞。修正方案规定，职业团体发起组织时必须满足相应单行法规的要求，如组织工会者须符合《工会法》第 1～3 条规定、组织商会者须符合《商会法》第 6～10 条规定；关于社团违反必须遵守事项时"应得之处分"，此前的规定对于处分的具体内容只字未提，《修正人民团体组织方案》则举例援引了《工会法》《监督慈善团体法》等相关罚则，使其有明文可依。

　　修正方案将此前《人民团体组织方案》和《社会团体组织程序》两部文件的内容整合在一起，并对社会团体做出了更加严格的规定。此前《社会团体组织程序》对于会员资格没有明文限制，而《修正人民团体组织方案》则要求"以有正当业务者为限"，并且将社会团体的发起人标准由原来的"五人以上"改为"三十人以上"。

　　《修正人民团体组织方案》进一步加重了党部的责任，要求所有的社团都应当"在党部指导、政府监督之下组织之"，并且赋予了党部对社团审核方面的权限。例如，对于发起申请的社团，党部派员视察后认为不合适的，可以"据理驳斥"；对于方案实行前已有的社团组织，如果"其组织内容与本方案不合"，党部应令其改组。

　　7 月 28 日，国民政府对《修正人民团体组织方案》进行抄发公布，并宣布原有的《人民团体组织方案》及《社会团体组织程序》废止，《修正人民团体组织方案》成为社团发起组织程序的主要法律依据。[①]

----

① 《训令：第二八二九号（十九年八月一日）》，《行政院公报》1930 年第 174 号，第 7～10 页。

尽管修正方案弥补了此前文件中的一些漏洞，仍然难以彻底解决党政二元并行所带来的根本性矛盾。按照由党务系统公布的文件的规定，社团的发起、审核、指导等事项均以党部为主，政府仅仅充当立案、备案的"秘书"角色，而在政府公布的各种社团单行法中，又将社团所有的审批权限赋予了政府主管官署，社团设立的审核事项均由政府部门负责，根本没有提及党部。这种制度上的自相矛盾显然会对社团发起和改组的实际执行造成困扰，使得地方上原本就纠缠不清的党政关系在社团事务的办理过程中显得更加混乱。为此，国民党中央和国民政府多次做出相关解释，强调党部的主导地位。1930 年 11 月，国民政府专门就律师公会的组织发布命令，一方面指明"律师公会之组织具有强制性质，与其他人民团体自动组织者不同"，另一方面明令律师公会"系职业团体之一种"，其会务进行"仍应随时受当地高级党部之指导"。① 1931 年2 月，国民党中央再次强调社团的组织程序，"人民团体设立之程序，系先由发起人向党部申请许可，党部派员视察认为合格，发给许可证书后，即组织筹备会，推定筹备员，并呈报主管官署备案。筹备会依法拟定章程草案后，应呈请当地高级党部核准，并呈报政府。俟经党部核准后，即进行组织，开成立大会，通过章程，再经当地高级党部复核，呈请政府备案后，该团体即为正式成立，始得为法人"，"选举职员之时间，当在高级党部核准其章程草案后，进行组织，方为合法"。② 3 月，国民政府司法院也配合国民党中央的意图，对安徽全省商会联合会的改组问题做出解释，要求商会的设立"应先得当地高级党部之许可"，实行改组也应根据改组办法受党部指导，并且经过党部审查认为健全时，方能"呈请主管官署立案"。③

1931 年"九一八事变"之后，为了应对日本的侵略，国民党的国内外政策做出了重大调整，社团政策和组织制度也随之而变。

1932 年 8 月 11 日，国民党第四届中央执行委员会第 33 次常会通过了

---

① 《司法行政部指令：指字第一二三八八号》，《法令月刊》1930 年第 12 期，第 7 页。

② 《组织人民团体之疑义》，《申报》1931 年 2 月 19 日，第 4 版。

③ 《院字第四六三号》，司法院参事处编《司法院解释汇编》第 2 册，京华印书馆，1932，第 68 页。

《修正民众团体组织方案》。① 此方案与 1930 年《修正人民团体组织方案》相比，对社团的称谓又从"人民团体"变回到"民众团体"，在正文内容上并没有补充太多新的内容，甚至文字还有所删节，最大的不同点在于正文前所附社团组织的方针原则，新方案在原方针原则的基础上加入了强调民族利益和公共利益的内容。关于民众运动的出发点，新方案在原方案"社会生存上之需要"的基础上加入了"民族生存上之需要"，强调"增进民族之自卫能力"。新方案还含有主动发展社团以动员民众力量的意图，如关于社团发起的人数限制，取消了原方案职业团体至少 50 人、社会团体至少 30 人的限制，而代之以"具有各该团体法规所规定之资格者，依照法定之发起人数……"，在各种社团单行法规中，对于发起人数的规定一般都低于 50 人和 30 人的标准，同时还存在前文所述《商会法》《工商同业公会法》等并非以个人作为会员的情况，新方案的修改既是对社团成立条件的放宽，又形成了与各种社团单行法规的协调，避免出现法律冲突。

除了原则和主题的变更外，新方案在文字上主要的修改是突出了政府的社团管辖权力。对于现有社团"其组织内容与方案不合者"，新方案规定"当地高级党部应令其改组或由政府解散"，此规定中由党部对社团实施改组是 1930 年《修正人民团体组织方案》已有的内容，而政府可以直接对社团予以解散则为新方案所加入，突出了政府的权限，也使得各级党政机关在处理社团事务时有了更加强硬的法律依据。

诚如国民党中央所言，"九一八事变"后重新推出《民众团体组织方案》是"兹为因应事实需求，充实民众运动起见"，相比 1930 年《修正人民团体组织方案》，新方案在原则变化的同时，还重新使用了"民众团体"这一名称，似乎隐含着对国民革命时期民众运动的怀念和重温。

通过上述社团组织方案的公布和修正，国民党确定了社团设立和组织程序方面的法律依据。随后，国民党中央又颁布了关于社团改组的办法，强制对已有的社团实施改组，以建设符合国民党预期的社团组织。

---

① 《修正民众团体组织方案》，中国第二历史档案馆编《中国国民党中央执行委员会常务委员会会议录》第 18 册，广西师范大学出版社，2000，第 67 ~ 72 页。以下关于该组织方案的引用，如无特别说明皆出自此处。

根据《修正人民团体组织方案》的规定，对于方案公布之前已经组织成立的社团，如果其组织内容与方案不合，党部应令其改组，但是对于改组如何实施并没有加以规定。1930 年 7 月 31 日，国民党第三届中央执行委员会第 103 次常会通过了《指导人民团体改组办法》，提出了对社团进行改组的操作方法。①

该办法规定了党部在指导社团改组时需要办理的具体事项，包括"（1）调查所辖各人民团体之状况；（2）令各人民团体呈报会务状况、会章及负责人履历等；（3）指导各人民团体之改组负责人；（4）登记各人民团体及其会员人数"，并且对改组提出了相当严苛的时限要求，命令各党部"务须于奉到本办法三个月内将所辖之人民团体指导改组完竣"，并在改组完成后，将办理经过造具报告，"逐级呈请中央执行委员会训练部备案"。

该办法对各级党部在指导改组中的权限进行了划分，改组工作主要根据社团所对应的党部级别，由特别市党部、县市党部及特别党部分别办理，不属于这几类党部所辖的社团改组事宜，则"由中央或省党部直接指导办理，或指定附近党部办理之"。该办法还规定，社团的改组完竣后，党部审查认为已经健全的，"应令该人民团体呈请主管官署立案"，与《修正人民团体组织方案》的规定类似，社团设立或改组程序中政府均扮演立案的角色。

国民党中央对于社团的改组有着比较迫切的愿望，为了能够形成对各类社团的有效控制，进而按照训政计划推进地方自治等工作，国民党中央频繁制定关于社团的各种制度办法，并对各地党部严加督促，希望改组能够尽快完成，但是实际进度却一直不尽如人意。

1931 年 1 月 13 日，国民党中央执行委员会发布训令，对各地党部推进社团改组工作的进度表示不满，称社团改组事项已经"迭次令饬各地党部积极办理"，但时至半年后，各地党部中能够及时完成和报告社团组织或改组工作的，仍然"为数尚不多见"。国民党中央认为，虽然其中有军

---

① 《指导人民团体改组办法》，中国国民党中央执行委员会训练部编印《民众训练方案法规汇编》第 2 集，1931，第 11～12 页。

事方面的影响因素，但主要还是因为各地党部"因循故习，指导不力"。训令重申"扶植及指导人民团体之组织，为训政时期训练民众之重要工作，不容因循懈怠"，并再次强调社团改组的时限，要求除特别法令另有规定外，统限于1931年1月底"一律改组完竣"，对社团的改组期限已满仍未改组完竣者"一律重新组织"，并且限于2月15日以前"一律正式组织成立"，各地党部限于3月1日以前，将社团成立的经过情形"填具总报告呈报"。①

　　根据该条训令，留给各地党部完成社团改组的时间不过半个月时间，国民党中央的紧迫可见一斑，但在随后的改组进程中，这个时限规定基本上形同虚设。虽然国民党中央急于求成，基层党部工作的疲沓状况却难以改观，尤其是经过清党和中原大战反复清洗的北方各省，地方党务基本陷于停顿，有的省份连党部都没有，社团改组事项完全无从开展。1931年1月22日，社团改组的时限将至，无奈之下，国民党第三届中央执行委员会第124次常会又通过了《北方各省人民团体改组或组织指导办法》，承认"北方各地如河北、山东、河南、山西等省，或因党务现已奉令暂停活动，或虽有党部组织而各下级党部尚未能组织健全，或因经费困难，对于人民团体改组或组织之指导不易推行，凡此具有特殊情形之省，自非另定办法不足以补救"。② 该办法规定，北方各省如有未设立党部、党务暂停活动、下级党部尚未组织健全等情况的，该省社团的组织和改组工作由国民党中央推派中央委员或者经中央核准后由中央训练部选派人员，加以指导代办。对于已有省级党部或者党务特派工作人员的，中央所派指导员可以指导省党部或特派员办理社团的组织和改组事项，而对于既无党部，也无党务特派员的"空白"省份，只好由中央所派指导员"直接办理或协同当地政府指导该省人民团体改组或组织"，但可以设立临时办事处，"并酌用职员若干人处理一切事务"，其所需经费由中央核发。

　　该办法的涵盖范围很广，包括河北、山东、河南、山西、陕西、甘肃、宁夏、新疆、青海、察哈尔、绥远等北方省，并且还规定除了这些省

---

① 《指定人民团体改组期限令》，《法令周刊》1931年第29期，第6～7页。
② 《训令第七〇九号》，《行政院公报》1931年第229号，第16～17页。

份之外，其他地方如果也存在党务工作暂停、党部组织不健全、党务经费困难而导致社团组织和改组难以推行的，都可以适用该办法。这就大大扩展了该办法的适用性，国民党中央可以根据需要将各省各地都纳入由中央派员指导的范围。当然，限于人力财力，不可能由中央派员包办全国社团的改组，但这项规定实际上等于在原有的改组办法之外又新定了一个全国适用的办法，原有办法虽未废止，其权威性和效力却大打折扣。

该办法再次对时限进行了形式上的重申，"各省人民团体之改组或组织，须于法定期限内一律办理完竣"，但很明显的是，由中央派员指导各地社团组织和改组完全是另起炉灶，按照原有的时限要求根本不可能完成。为此，该办法又对时限要求作了补充，"其有因特殊情形不能如期办理完竣者，得呈经中央核准延长之"。①

1931 年 2 月 13 日，国民党中央原定的社团重新组织时限将至，中央训练部向中央执行委员会提出呈请，称"限期将届，而各地党部仍鲜有呈报所属人民团体依法改组或从新组织完竣者"，中央训练部拟向各地党部发出通令，"如逾期不遵令改组者，一律认为非法团体"，并请中央执行委员会鉴核"究竟如何办理"。② 但此时按照原定时限显然已经无法完成，至 2 月 14 日，已是原定时限的最后一天，国民政府行政院才将《北方各省人民团体改组或组织指导办法》抄发各省市。如果以此当做政府配合党部重新启动此项工作的开端，则国民党中央此前关于社团改组时限的规定完全成了一纸空文。③

2 月 27 日，国民党中央执行委员会根据中央训练部的呈请，向各地党部发布通令，批评各地党部未能按时完成社团改组任务，"似此迁延时日，殊属不合"，再次命令各种社团必须"如期依法一律改组完竣"，否则"均认为非法团体"。④ 延至 7 月，中央执行委员会再令各省市党部，指出

① 《北方各省人民团体改组或组织指导办法》，《国民政府公报》1931 年第 691 号，"训令"，第 2 页。
② 《呈中央执行委员会为拟通令各地党部对于所属旧有之各种人民团体务须如期依法一律改组完竣如逾期不遵令改组者一律认为非法团体请鉴核示遵由》，《中央训练部公报》1931 年第 9 期，"公文"，第 13 页。
③ 《训令第七〇九号》，《行政院公报》1931 年第 229 号，第 16 ~ 17 页。
④ 《令各地党部》，《中央党务月刊》1931 年第 31 期，第 278 ~ 279 页。

社团改组仍有多省未提交报告，"关于人民团体组织和改组的报告，各地党部能遵限依式填报者固有，但延搁至今未据呈报者尚属不少"，而已经提交的报告也多是敷衍了事，"或仅系一部分报告，或仅属于数县之人民团体状况，内容亦多未能完备"，"似此延玩，非特有违法令，且对于民训工作之计划推行，窒碍甚多"。①

　　虽然国民党中央反复催促，但社团改组的进展始终不尽如人意。一直拖到 8 月 10 日，国民党似乎已经无计可施，在三届中央执行委员会第 152 次常会上重新议定了两项办法，"（一）凡未尽依照中央规定之改组或组织法令而改组或组织成立之人民团体，暂时不予改组；惟各地党部于各该人民团体职员任期完了前一个月内应另分别依法整理，再行改选，俾符法规。（二）凡未能依照中央规定期限如期改组或组织成立之人民团体，除海员工会、民船船员工会之改组或组织中央已另定办法应依照办理外，其未能依照规定期限改组者，须于本年十月一日前一律改组或组织完竣，逾期即不视为合法团体"。② 国民党中央对于社团改组工作反复催促，但一再延期之下其结果依然是敷衍了事，"中央的忧急之情与地方的疲玩之态尽现纸上"。③

　　"九一八事变"之后，随着民众运动方针和社团政策的重要调整，国民党中央重振旗鼓，再次将社团的改组工作提上了议事日程，并总结了前期工作进展不力的经验教训，准备对社团改组办法进行修正，并相应对各种社团单行法规进行修订。

　　1932 年 11 月，国民党在第四届中央执行委员会第 46 次常会上讨论了社团法规尚未全部修正公布的情况下社团的改组问题，又一次议决通过了四项暂行办法，对社团分别处理：对单行法已经完成修正公布的，应遵照新法规组织或改组；修正而未公布的，"暂依据旧有法规活动"；凡 1931 年 8 月第三届第 152 次常会通令改组的社团，如果还未完成改组，"一律

---

① 《令各省市党部》，《中央党务月刊》1931 年第 36 期，第 1463 页。
② 《中国国民党中央执行委员会训练部公函：第一六五九九号》，《中央训练部公报》1931 年第 15 期，第 13～14 页。
③ 徐秀丽：《南京国民政府时期的政治国家与民间组织》，《绍兴文理学院学报（哲学社会科学版）》2009 年第 5 期。

暂维现状"，待新法规公布后，"再行依法改组，以免歧视"；新设立的社团，除新法规已经公布的应依新法处理外，"其他概依旧有法规暂准报案备查"。① 这四项暂行办法的公布实质上再次否定了上一年度的社团改组办法，将改组事宜暂时搁置下来。

直至 1933 年 2 月，国民党中央重新修正公布了《指导人民团体改组办法》，重新确定了社团改组的法律依据。根据修正办法规定，各级政府应密切关注社团单行法规的修正情况，一旦法规公布，即饬令相应的社团一律实施改组，"至迟不得逾一月"。政府在饬令各种社团改组的同时，应通知同级党部派员指导，对于社团"有特别情形暂时不能改组者"，政府需要将原因通告党部，并征得其同意。此次修正办法与原办法相比，明显加重了各级政府的职责，将前期改组事务由各级党部主导转为党政均担，以转变前期党部主导社团改组的疲沓状况。

二 政府颁行的社团法规

除了国民党通过党务系统颁行的社团组织制度法令外，由政府制定或颁行的法律文件是社团法制的另一组成部分。以法理而论，在国民党颁行的社团制度文件和国民政府颁行的社团法律文件两者之间，后者更符合一般意义上"法制"的概念，但在"党治"模式下，国民政府推行的社团法制虽然在形式上具备了近代法的特征，在内容上只是对"党法"的追认，为党的规定赋予国家立法的外壳，或是做一些技术层面上的补充。

宪法是一国的根本大法，也是近代法治国家和传统专制国家在法律形式上的重要分界。国民政府成立初期，带有宪法性质的社团法制文件主要包含两个层面的内容，一是约法本身所规定的结社权，二是社团参与制定约法的立法权。

"结社自由，载在约法"是法理上一切社团法规的出发点，自民初已经成为具有宪法意义的公理，孙中山也曾长期为保障约法的地位而斗争。但自从国民革命时期借鉴苏俄模式以来，孙中山逐渐倾向于"党国"体

---

① 《订定在修正之民众团体法规未全部公布前对于民众团体暂行处理办法四项》，《中央党务月刊》1932 年第 21 期，第 16～18 页。

制，对于约法态度有所转变。国民党政权在从广州国民政府到南京国民政府的"党国"发展过程中，长期都是以党的纲领章程作为建国的指导性文件，并没有制定宪法性的文件。直至中原大战结束后，南京国民政府通过了《中华民国训政时期约法》，才形成了国家层面具有宪法性质的文件，并将结社权有保留地列入其中。

1930 年的中原大战是蒋派与反蒋派矛盾的集中爆发。在这场斗争中，反蒋派为了占据道义的制高点，争取民众支持，抢先制定了一部宪法性文件，即"太原约法"，该约法在保障民权方面做了相当积极的规定。

1930 年 7 月，汪精卫、冯玉祥、阎锡山等反蒋派在北平组织召开了"扩大会议"，主张"训政时代必有约法，犹之宪政时代必有宪法"，要通过约法"规定政府与人民之关系，使政府对于人民之干涉有其不可逾越之限度"。反对派指责蒋介石"号称训政于今三年，而约法一字亦未颁布。以人民权利而论，公权私权剥夺无余，不但政治机关不能参与，即民众团体亦横遭压迫"。[①]

7 月 25 日，扩大会议制定了七条"以党建国之基础条件"，第一条即规定"筹备召集国民会议，以各种职业团体为构成分子"。10 月 18 日，扩大会议公布了《国民会议筹备条例》，再次搬出了孙中山通过"人民团体"组织国民会议的理论。筹备条例中规定，国民会议以商会、教育会、学生联合会、工会、农会、自由职业团体、妇女团体等社团代表和其他代表组成，基本上是对孙中山主张的继承，"选举团体，依总理宣言外，所加者为自由职业团体、妇女团体"。条例赋予了民众社团较高的地位，同时规定参与国民会议的社团应以合法注册者为准，"须于颁布筹备条例以前经国民政府或地方政府注册"，[②] 并且选举期间不得再行变动，"所有以前团体注册者一律承认，不予更变，免生包办事实。并不许于条例颁布以后多设团体，以为操纵把持之具"。[③]

---

① 《扩大会议宣言》，荣孟源主编《中国国民党历次代表大会及中央全会资料》上册，光明日报出版社，1985，第 844 页。

② 《国民会议筹备条例》，《国闻周报》1930 年第 7 卷第 43 期，第 3 页。

③ 荣孟源主编《中国国民党历次代表大会及中央全会资料》上册，光明日报出版社，1985，第 831 页。

10 月 27 日，"太原约法"正式公布，其中对于人民各项权利做出了相当详尽的规定。关于结社自由，在第 35 条规定"人民有结社之自由，非有犯罪嫌疑或证据，经该管官署查明时，不得封闭"，对于自民初约法以来对集会结社等自由权"依法律限制之"的保留条款，"太原约法"在第 39 条明确规定"国家非在各条所规定之范围内，不得以法律限制之"，据此政府干预结社仅限于社团"犯罪"这一种情况，不再有其他某种法律途径，这无疑是针对南京国民政府的社团政策而作，在法理上对政府行为提出了非常严格的限制。

"太原约法"除了保障结社权外，还将社团列入国家各项事业中，赋予社团在自治、教育、经济等方面广泛的参政权，第 164 条规定"训政开始时期，省政府派员会同县人民职业团体推出之代表合组县自治筹备会，执行建国大纲第八条所规定之筹备事项"；第 191 条规定"中央及地方均得设立教育会议，由政府方面、教育会方面、大学及学术团体方面，各派代表，共同组织，每年开常会一次，其详以法律定之"；第 205 条规定"中央及地方均得设立经济委员会，政府方面派出五分之一，各种实业团体及商会方面共派出五分之二，农会工会方面共派出五分之二之人民组织之"，而这个以职业团体为主要构成部分的经济委员会在国家经济事务方面具有相当广泛的职权："（一）关于经济之立法及行政暨农工之保护法，得应政府之咨询及建议于政府；（二）关于前项之事件，得提案于全国或各省之国民代表会及县议会，并得派代表到会说明提案；（三）解决劳资之争议。"①

"太原约法"虽然随着反蒋派的失败而自然无效，但作为一部包含较多民权色彩的约法文件，其颁行给南京政府产生了巨大压力，迫使蒋介石必须慎重对待约法和民权问题。中原大战后，蒋介石以武力解决与胡汉民之间的约法纷争，最终促成南京国民政府实施了召开国民会议、制定约法等一系列举措，民众结社权得到了宪法性的保障，这一切在某种程度上是被反蒋派倒逼而成的结果。

1931 年 1 月 1 日，南京国民政府公布了《国民会议代表选举法》，规

---

① 参见《太原扩会约法草案》，《国闻周报》1930 年第 7 卷第 44 期，第 1～11 页。

定国民会议代表由各地方按照定额从各种社团中选举产生，《国民会议组织法》规定，"国民会议由各省市之职业团体、中国国民党及蒙古、西藏、海外华侨所选出之代表组织之"，具有选举资格的社团包括农会、工会、商会及实业团体、教育会、自由职业团体，并"以依法设立者为限"。[①]

1931 年 5 月 12 日，国民会议第四次会议通过了《中华民国训政时期约法》，并于 6 月 1 日由国民政府公布。约法对于结社自由仍然沿用了民初约法的法律保障主义，在第 14 条规定"人民有结社、集会之自由，非依法律不得停止或限制之"，在第 39 条则进一步明确了职业团体的合法性："人民为改良经济生活及促进劳资互助，得依法组织职业团体。"[②]

约法公布后，按照国民党对军政、训政、宪政三期的规划，1936 年将结束训政，进入宪政阶段，应成立国民大会并制定宪法。1934 年 3 月 1 日，《中央日报》公布了宪法草案，征求公众意见，其中关于结社等人民权利的规定仍保留了限制条款："凡停止或限制人民自由或权利之法律，以为社会秩序、公共利益所必要者为限。"对于公众的批评，参与宪草拟定的立法院专家吴经熊解释称，"宪草并不是取间接保障主义，乃是采概括保障主义"，因为宪草对立法权有种种限制，通过立法权随意干涉人民自由的可能性虽然存在，但本身就是违宪行为，"宪法对法律已有充分的限制，换言之，对于自由已有充分的保障"。吴经熊认为，宪草关于人民自由权利保障的条款并不是宪法直接保障或者法律间接保障的问题，法律对于权利的限制与宪法对法律的限制并行不悖，仅仅是因为不便于对限制条款逐条列举，"现在为技术上的便利起见，于是在诸条后另设一条，论其实际效力，是和规定于各条内毫无二致的"。[③]

1936 年 5 月 5 日正式公布的《宪法草案》（即五五宪草）将对结社权等人民权利的限制列入了正文，"人民有集会结社之自由，非依法律不得停止或限制之"，"凡限制人民自由或权利之法律，以保障国家安全，避免紧急危难，维持为社会秩序，或增进公共利益所必要者为限"，并继续维

①　《国民会议代表选举法》，国民会议选举总事务所编印《国民会议关系法规汇编》1931 年 3 月，第 35～38 页。

②　《中华民国训政时期约法》，《国民政府公报》1931 年第 786 号，"法规"，第 7～8 页。

③　吴经熊：《宪法中之人民权利及义务》，《法令周刊》1935 年第 235 期，第 9 页。

持了对于组织职业团体的保障条款。宪草还加入了对于权利被侵害的救济条款，"凡公务员违法侵害人民之自由或权利者，除依法惩戒外，应负刑事及民事责任；被害人民就其所受损害，并得依法律向国家请求赔偿"，①这从立法技术而言无疑是有积极意义的。

民法和刑法是一国法制体系中重要的法律部门，但是在南京国民政府的社团法制体系中，发挥主要作用的社团法规是国民党中央公布的社团组织制度和各种社团单行法规，民法、刑法中也有少量关于社团的规定，在社团法制体系中略起保障作用。

1929 年 5 月 23 日，国民政府立法院公布了《中华民国民法》第一编"总则"，其中第一章的"法人"部分的内容中规定了"社团"的法人地位。该款将社团分为以营利为目的和以公益为目的两种，规定设立社团时必须制定章程，内容包括目的、名称、董事之任免、总会召集的条件、出资、社员资格等，并且必须得到政府部门的许可，进行登记。社团具备民法所规定的法人条件的，在呈报主管机关备案后，取得法人资格。②

立法院民法起草委员会的召集人傅秉常在《新民法与社会本位》一文中，对新的民法原则及社团规定做了解释。他认为，由于"社会利益之注重"，个人主义进于社会主义是世界民法之趋势，中国民法典也应当紧跟世界潮流，以社会为本位，注重社会利益，因此在民法中强调社团注册的规定，傅秉常解释称"我国近年以来，法人之设立，如雨后春笋，到处皆是。狡黠之徒，利用名义，假公济私，流弊甚大。苟非加以限制，则滥行设立势所必然，殊非所以注重社会公益之道"。为此，民法总则规定法人社团必须经主管官署许可后登记，其目的实际为"以资取缔而重公益"。③

民法关于社团的规定比较简约，但也基本上囊括了社团章程的制定、社团登记注册等社团发起组织的主要程序，在法律实践中也可以引用为社团组织的法律依据，在一定程度上对社团组织制度提供补充和保障。1930年 1 月，国民政府内政部就曾援引民法总则的规定，对安徽道教总会的立

---

① 《中华民国宪法草案》，《立法院公报》1936 年第 81 期，"法规"，第 1～15 页。
② 《民法总则》，《立法院公报》1929 年第 7 期，第 53～79 页。
③ 傅秉常：《新民法与社会本位》，《中华法学杂志》1930 年第 1 卷第 2 期，第 3 页。

案呈请加以核查，认为在宗教团体立案尚无明文规定之前，其注册登记手续"应依据民法总则社团设立之规定"予以办理。① 内政部的处理意见表明，民法总则关于社团的规定在国民政府的法律实践中可以起到社团一般法的规范作用。1930 年 7 月公布的《修正人民团体组织方案》中也规定，社团的发起和组织除有特别法规定之外，"一切以公益为目的之社团财团"都应依照民法呈请备案，"其一切组织方法、章程内容均须具备民法所规定之条件"。②

　　除了民法的相关规定外，南京国民政府所颁布的刑事法律中也有少量关于社团的内容，主要体现在《中华民国刑法》及《暂行反革命治罪法》（后经修正改名为《危害民国紧急治罪法》）等法律文件中，涉及妨害秩序、反革命等罪名。1928 年 3 月 10 日颁布的《中华民国刑法》中规定："参与以犯罪为宗旨之结社者处三年以下有期徒刑、拘役或五百元以下罚金，首谋者处一年以上七年以下有期徒刑。"③ 各种罪名中"组织反革命团体"成为社团法中处罚最为严厉的一种，主要是出于政治斗争的需要。1928 年 3 月 9 日国民政府公布的《暂行反革命治罪法》第 7 条规定："凡以反革命为目的组织团体或集会者，其执行重要事务者，处二等至四等有期徒刑并解散其团体或集会。仅止加入团体或集会者，处五等有期徒刑或拘役。"④ 1931 年 1 月 31 日国民政府公布《危害民国紧急治罪法》，废止了《暂行反革命治罪法》，其中第 6 条对于结社犯罪的要件和处刑均做了修改，其内容为"以危害民国为目的而组织团体或集会，或宣传与三民主义不兼容之主义者，处五年以上、十五年以下有期徒刑"。⑤

　　在国民政府颁行的社团法规中，数量最多、范围最广的，是适用于各种指定类型社团的单行法规。社团单行法规是在社团设立和组织的一般性办法基础上对于各种社团的细化规定，由于社团种类繁多，单行法规也表现出数量众多、内容庞杂的特点。这些单行法规的密集公布时段是在

---

① 《内务部咨》，《内政公报》1930 年第 1 期，第 3 页。
② 《训令：第二八二九号（十九年八月一日）》，《行政院公报》1930 年第 174 号，第 9 页。
③ 《中华民国刑法（三续）》，《申报》1928 年 3 月 15 日，第 10 版。
④ 《暂行反革命治罪法》，《国民政府公报》1928 年第 39 期，"法规"，第 3 页。
⑤ 《危害民国紧急治罪法》，立法院秘书处编《立法专刊》第 5 辑，民智书局，1931，第 76 页。

1929～1931年，其后不断根据国民党中央所公布的社团制度而修正。从单行法规的分布来看，南京国民政府对于职业团体的法律约束明显强于对社会团体的法律约束。对于《人民团体组织方案》中所列举的职业团体，相关法律文件既有国民党中央制定的立法原则，也有对应的国家立法，还有具体的施行细则，构成了立法思想—法律文本—法律程序的完整链条，并且法律文本的内容根据实践的反馈前后多次修正，表现了国民党中央对于职业团体的重视和审慎。而对于各种社会团体，主要限于国民党中央制定的几部大纲和办法，规定比较简略。由此可见，相较于职业团体，国民党中央对于社会团体的关注程度比较有限。

南京国民政府对于社团单行法规的制定和公布体现了浓厚的"党治"色彩，很多是国民政府对国民党中央执行委员会决议案的原文转发，或者是根据中央执行委员会决议的立法原则进行法律文本化，是以政府行为确认执政党的意志。在党与政府的共同努力之下，二元性质的社团法制体系得以形成。

第五章 南京国民政府社团法制体系的功能

南京国民政府所构建的社团法制体系带有比较明显的公权力导向，其功能主要在于对社团组织进行整合和规范，并借助党政双轨的网络型治理结构对民众社团的活动深度介入和干预，通过对社团人事、经费、组织活动程序等各方面的立法规范，有意识引导社团的活动，使其服务于国家和政府利益。

第一节 整合和规范社团组织

从南京国民政府社团治理的总体运行来看，社团单行法是规范各种社团组织活动的重要法律文件。国民政府在国民党中央的指示下，前后制定公布了多部社团单行法规及其施行细则与修正文本，同时还对国民党中央制定的部分社团制度规定进行了转发公布，使其产生社团单行法规的效力。根据社团组织方案所区分的社团性质，可以将社团单行法规按照适用对象分为职业团体法规和社会团体法规两大类，主要从职业团体的规制和社会团体的约束两个大的方面来发挥对各种社团的整合和规范功能。

（1）职业团体类法规主要包括：

工会：1929 年 10 月国民政府公布《工会法》、1930 年 6 月立法院公布《工会法施行法》、1931 年 4 月国民党中央执行委员会公布《海员工会组织规则》《民船船员工会组织规则》《中华海员工会组织规则》、1933 年 7 月国民政府公布《修正工会法》和《工会法施行法》等。

商会和工商同业公会：1929 年 8 月立法院公布《商会法》、《工商同业公会法》、1929 年 11 月行政院公布《商会法施行细则》、1930 年 7 月行政院公布《修正商会法施行细则》、1932 年 9 月立法院公布《修正工商同业公会法》、1936 年 8 月行政院公布《商会章程准则》《工商同业公会章程准则》、1938 年 1 月 13 日立法院公布《修正商会法》《商业同业公会法》《工业同业公会法》《输出业同业公会法》、1938 年 10 月 6 日经济部公布《商业同业公会法施行细则》《工业同业公会法施行细则》《输出业同业公会法施行细则》等。

农会：1930 年 12 月国民政府公布《农会法》、1931 年 1 月国民政府公布《农会法施行法》、1931 年 2 月国民党中央公布《省党部、特别市党部及县市党部指导农会组织办法》、1933 年 7 月国民政府公布《农会法施行法》、1937 年 5 月国民政府公布《修正农会法》《农会法施行细则》等。

其他职业团体：1929 年 7 月司法行政部公布《中华民国律师协会会章》、1929 年 10 月行政院公布《医师会规则》《渔会法》、1930 年 6 月农矿部公布《渔会法施行规则》、1931 年 3 月国民党中央公布《自由职业团体组织办法案》《医药团体组织办法》等。

（2）社会团体类法规主要包括：

教育学术团体：1929 年 5 月教育部公布《教育会规程》、1929 年 12 月教育部公布《管理学术团体办法》、1931 年 1 月国民政府公布《教育会法》等。

学生团体：1930 年 1 月国民党中央公布《学生自治会组织大纲》《学生团体组织原则》《学生自治会组织大纲施行细则》《学生自治会章程准则》、1934 年 3 月国民党中央公布《学生交谊会组织要点》等。

妇女团体：1930 年 1 月国民党中央公布《妇女团体组织大纲》、1932 年 9 月国民党中央公布《妇女会组织大纲》《妇女会组织大纲施行细则》等。

其他社会团体：1929 年 6 月国民政府公布《监督慈善团体法》、1929 年 7 月国民政府公布《监督慈善团体法施行规则》、1930 年 1 月国民党中央公布《文化团体组织大纲》等。

此外，还包括部分涉及归国华侨和海外华人团体的法规，如 1929 年 2 月公布的《华侨公共团体组织大纲》《华侨公共团体登记规则》、1930 年 12 月公布的《管理归国侨民团体办法》等。

一　规制职业团体

职业团体就其性质而言，多属于经济性的社团，其存在的主要目的是协调同业成员彼此间的关系，增进共同利益。从国民经济的角度而言，职业团体的发展可以明显促进经济的建设，从社会秩序的角度而言，职业团体的发展也有助于社会的整合和秩序的稳定。南京国民政府成立初期，已经意识到职业团体在协助政府推行经济政策、维护社会秩序等方面具有重要意义，南京国民政府所颁布的职业团体法规对商会、同业公会、工会等职业团体进行了重组整合，并赋予其法人地位，纳入法制体系的框架之中，在保障职业团体的行业地位同时，通过职业团体协助政府开展经济行政管理。

与北京政府时期相比，南京国民政府在职业团体法规方面最大的不同在于工会的法律地位显著提升。工会势力的崛起无论是对于北京政府还是对于南京国民政府而言，都是社团法制所面临的重大挑战，如果不能有效处理工会在社会秩序内的定位，则整个社团治理结构都可能发生根本性的动摇。

如前文所述，以戴季陶为代表的国民党元老对于工会组织持比较中性的态度，主张工会的权利，但要求依法予以严格限制，避免工商业冲突，在国共合作之前这种态度基本上属于国民党的主流。国共分裂之后，为了消减共产党阶级斗争思想的影响，国民党进一步强调工商界劳资利益的调和，并通过《工会法》等相关法规对工会加以规制。这种政策既源自国民党元老们的认识和国共政治斗争的需要，也与立法院中倾向于温和政策的学者有一定关系。以立法院的经济专家马寅初为例，马寅初即认为中国固然也有资本家压迫工人的现象，但劳资关系并非根本问题所在，中国亟待发展经济，增加国民财富总量，而不是在现有微小的财富基础之上进行分配和争夺。因此，马寅初称"中国的经济问题就是资本不足的问题"，"劳动果是神圣，资本也是神圣"。[①] 马寅初认为，中国的贫弱乃是外国经

[①]　马寅初：《中国的经济问题——评"资本万恶，劳动神圣"说》，《马寅初全集》第1卷，浙江人民出版社，1999，第502页。

济侵略造成，劳资双方应予结合，目标一致对外，"工人之生活固当改善，吾人当竭力援助工团合法之行动；而资本家之种种为难情形，亦当注意及之。吾国实业之所发不振，因受外国之经济侵略，劳资两者均受其累侮，理应先使劳资两者结合，共抗外侮"。因此对于工会，马寅初也从劳资双方合作的角度出发，一方面认同工人有组织工会的合法权利，"工人实在有组织一工会的必要。国家既然没有制定法律，保护劳工，取缔资本家的非法行为，工人为保障自由和幸福起见，实在可以设立工会"；另一方面又不赞成工人通过激烈罢工来争取权益，而主张工会的行动应该限定在国家法律范围之内，"不宜有越轨之举动"。马寅初主张，应通过政府立法对各方利益统筹兼顾，"注意劳资两方之利益，万勿仅顾一方之要求，漠视他方之权利"，[①] 尤其是"不宜专以劳工为目标"，而应该"通盘筹划，使劳、资两方之痛苦，均得同时解除之"。[②]

马寅初关于工会的见解比较典型地代表了国民政府立法院中部分专家学者的态度，并与国民党的执政思想有所相合。国民党在社团法制体系的构建中，明确保障工会的合法地位，同时通过法规加以引导和限制。1928年10月，国民党中央执行委员会发布禁止工人罢工的告诫书，要求工人必须将国家利益置于首位，"中国工人欲为自己争地位，若从自己地位设想，必愈争愈坏，必须从全体国民之地位设想，为国家争地位，始能愈争愈高"。国民党还对工会立法做出了承诺，"本党今后，必须提挈全国人民，运用强国之政权，制定良善之法律"。[③]

为了实现"良好之法律"，早日将工会纳入国家法制体系中，南京国民政府立法院成立不久后便专门设立了劳工法起草委员会，负责工会法的制定工作。经过多次开会讨论和反复修改，1929年9月11日，《工会法原则》经立法院讨论通过，[④] 10月21日，国民政府正式颁布了以《工会法

---

① 马寅初：《中国国货事业发展之障碍及其救济之方法》，《良友》1928年第31期，第32页。

② 马寅初：《中国今日之劳资问题》，《马寅初全集》第4卷，浙江人民出版社，1999，第37页。

③ 《国民党中央委员会禁止工人罢工的"告诫书"》，中国第二历史档案馆编《中华民国史档案资料汇编》第5辑第1编"政治"3，江苏古籍出版社，1994，第170~177页。

④ 《立法院第四十七次会议》，《申报》1929年9月11日，第10版。

原则》为蓝本的《工会法》。

《工会法》从设立批准、组织人数等各方面对工会提出了较高的要求，并对准许设立工会的行业做出了严格限制，规定国家行政、交通、军事、国营产业、教育事业、公用事业等机关的工作人员均"不得援用本法组织工会"；工会可以依法组织罢工，但罢工的目的、程序等方面有种种详细的规定，"工会不得要求超过标准工资之加薪而宣言罢工"，宣言罢工必须"经过会员大会以无记名投票，得全体会员三分之二以上之同意"。在限制工会组织罢工同时，《工会法》又规定了工会有缔结团体契约、办理职业介绍、调解纠纷等多达十三项职责，将工会的重心由争取和保障职工权益转向了分担政府管理职能和执行政府指定任务。[①] 依据《工会法》设立的工会，不再是国民革命时期组织工人反对帝国主义和资本家的斗争利器，而成了新国家政权管理工人的执行机构。

《工会法》颁行后，国民政府还对关系到国计民生的几种行业工会制定了特别法规，如 1932 年 8 月 11 日国民党第四届中央执行委员会第 33 次常会通过的《修正中华海员工会组织规则》《邮务工会组织规则》《电务工会组织规则》《铁路工会组织规则》等关于"特种工会"的法规，此外还有《海员铁路邮务电务等工会运用方案》，对特种工会的运用要点做了强调说明。这些行业在平时关系到国家的正常运转，在战时更是有着极为重要的地位，因此在《工会法》的基础上又专门制定了特别适用法规，以凸显其特殊地位。根据这些特种工会的法令规定，对特种工会进行改组或整理的权限要求很高，基本以国民党中央直接操作为主：如果特种工会对应设立了特别党部，需要"由中央民众运动指导委员会指导特别党部改进之组织之"，对于未设立特别党部者，"由中央民众运动指导委员会派员直接指导之"，如果工会组织带有地方性质，则"由中央民众运动指导委员会指导所在地党部指导之"。[②]

商会、工商同业公会等商人社团是长期具有"法定团体"地位的重要经济类社团。商会在国民革命期间遇到了猛烈的冲击，难以再维持以前的

---

① 参见《工会法》，《立法院公报》1929 年第 11 期，第 188～200 页。

② 中国第二历史档案馆编《中国国民党中央执行委员会常务委员会会议录》第 18 册，广西师范大学出版社，2000，第 63 页。

强势，甚至一度有被取消的危险。最终，经过商会的反复努力，有赖于其掌握的经济资源和组织能力，南京国民政府采取了保留商会并加以改造的方式，通过颁行《商会法》《工商同业公会法》，承认商会的合法地位，并将商会和同业公会的组织体系进行了整合。

1929 年 1 月，按照立法程序，国民政府工商部拟定了《商会法》《工商同业公会条例》两部法律草案送交立法院，立法院经济法、商法委员会对两部草案进行了联合审查并做出多处重要修正，1929 年 8 月、9 月间相继颁行了《商会法》《工商同业公会法》。《商会法》与《工商同业公会法》的立法思想中体现了明显的国家主义构思，否定北京政府时期政府下放权力、由商会主导工商秩序的格局，试图将权力回收到政府层面，以政府为主导，商会为辅助，对工商界进行整合，树立国家在工商界秩序中的主导与权威。

新的工商社团法在诸多方面都加强了政府对社团的直接干预权。如关于商会职员的解任，商会法草案规定由商会会员大会自主决议解任，立法院讨论的修正案则加入"由工商部或地方最高行政官署令其退职"，据此政府可以取代商会的会员大会，直接命令商会职员退职；又如关于商会解散后的清算，草案规定重大清算事项应由商会会员大会议决后执行，"不能议决时清算人得自行决定之"，修正案则对于清算人的决定权加入行政干预，"非经地方最高行政官署核准不生效力"。

新商会法降低了商会的法定规格，削弱了商会权限和组织。在商会设立核准权限方面，自清末颁布《商会简明章程》以来，省一级商会的设立一直都由中央政府的实业主管部门加以核准，体现了商会较高的地位。《商会法》的草案中对商会的设立核准沿用传统，规定由"地方主管长官转呈省或特别市政府转报工商部核准"，修正案则将核准权下移到了地方，改为"呈请特别市政府或呈由地方主管官署转呈省政府核准设立，并转报工商部备案"，商会设立由中央核准的传统至此被打破。在商会联合会组织方面，民初普遍存在各省乃至全国的商会联合会，对国家政权架构隐有分庭抗礼之意，草案中关于商会联合会的设立并不需要官方核准，修正案则要求设立全省商会联合会需要经过省政府核准，设立全国联合会需要经过工商部核准；草案给予商会联合会较高权限，"应援助及监督所属各会职务之执行"，修正案则将此删除，否认商会联合会有对其他商会的监督权，以削弱商会的纵向组织能力。

关于传统的公所、会馆等同业组织地位，草案延续了民初《工商同业公会规则》允许新旧形态并存的思路，提出对已有的同业组织"均得照旧办理"，承认既有事实，修正案则明确要求对于法令公布之前已有的同业组织，不论名称为行会、公所、会馆或其他，"应于本法施行后一年内依照本法改组"，仅承认经过政府核准设立的同业公会具有合法性，否认传统同业组织的既有事实具有合法性，从而将新旧组织统一纳入政府管辖之下。① 同时，针对清末民初商会长期居于对同业公会领导地位的状况，国民政府司法院发布了司法解释，指出商会与工商同业公会彼此组织宗旨不同，"既无隶属关系，自无指导监督之权"，② 从法理上否定了商会的权威性。

以修正案为基础的新商会法规是对民初时期主要依赖商会和国民革命时期完全否定商会两个极端之间的折衷，既承认商会的合法性，又削弱商会在工商界的地位，以确立国家的法制权威。新法规既然明确了商会、同业公会的合法地位，也就昭示了作为商会对立方的商民协会的最终命运，"商民协会之组织与新法规之原则，大相径庭，殊不适于现今商运之方针，有取消之必要"。③《商会法》公布后，1930 年 2 月，国民党中央执行委员会第 70 次常会讨论认为，"查商民协会，原为军政时期，应时势之需要而设，现在训政开始，旧有人民团体组织，多不适用"，且新《商会法》及《工商同业公会法》已业经公布，"此后商人团体之组织，自应遵照新颁法令办理"，决议撤销《商民协会组织条例》，并限期取消各地商民协会，"原有商民协会份子，可着即加入商会或工商同业公会"。④ 于是，在帮助

---

① 两部法案的草案与修正案内容可参见《商会法草案工商同业公会法草案案审查报告》，《立法院公报》1929 年第 8 期，第 67～86 页。

② 《中国国民党中央执行委员会训练部训令：第一二六二一号》，《中央训练部公报》1931年第 8 期，第 56 页。

③ 马寅初：《新商会法与工商同业公会法》，《马寅初全集》第 6 卷，浙江人民出版社，1999，第 360～361 页。

④ 《撤销十七年颁布之商民协会组织条例并限期结束各地商民协会》，《中央党务月刊》1930 年第 19 期，第 21 页。

国民党完成"革命的破坏"使命后，商民协会最终被国民党所抛弃。

《工会法》《商会法》《工商同业公会法》的公布实施为南京国民政府治下的工商业法律秩序确定了框架，也为解决长期以来的工商业劳资纠纷提供了一种途径，即在劳资双方各自依法成立社团的基础上，以团体协约的方式确定双方权利义务：在雇主方面，"有此协约，则工资支出之数可以预定，经营上不安之现象可以减除"，在工人方面，"团体协约成立，则工人对于劳动条件有主张之权力，雇主不能任意压制工人"，① 从而将劳资纠纷限定在社团法制的约束和规范之下，《团体协约法》即是这种思路指导下的产物。②

农会是工商社团之外的主要职业团体。1930 年 12 月 30 日，国民政府制定颁布了《农会法》。该法相比 1928 年 7 月的《农民协会组织条例》有较大改动，确定农会"以发展农民经济，增进农民智识，改善农民生活，而图农业之发达为宗旨"，并删除了原条例中会员资格部分对"以重利盘剥农民之土豪劣绅""作帝国主义者工具之买办"禁止加入的条款，而代之以对农田地产和农业知识方面的准入性规定，并通过拥有田产"三亩以上"或者学历方面"中等以上学校毕业"的标准将贫苦农民拒之门外。同时，《农会法》规定了非常详细的农会职权，除了设置农业试验场、办理农业调查统计、改良土地水利、种子肥料等关于农业经济发展的内容外，还包括大量关于农村地方建设的事务，如推行农村教育、设置公共图书室、举办公共娱乐、开办治疗所、托儿所及养老救济事业等。③ 根据《农会法》的规定，农会几乎扮演了农村地方自治机关的角色，革命性色彩至此完全消泯。

二　约束社会团体

职业团体是社团立法关注的重点，而对于社会团体的法律规范，国民党中央在社团法制体系构建初期持相对宽松和放任的政策，随着法制建设

---

① 王宠惠：《团体协约之比较研究》，《中华法学杂志》1931 年第 9 期，第 12 页。

② 参见《团体协约法》，立法院秘书处编《立法专刊》第 4 辑，民智书局，1931，第 182 ~ 185 页。

③ 《农会法》，中国第二历史档案馆编《中华民国史档案资料汇编》第 5 辑第 1 编"政治"3，江苏古籍出版社，1994，第 477 ~ 481 页。

的不断深入，国民党中央的态度也有所转变，逐渐对社会团体强化法制约束。在各种社会团体中，国民党比较重视教育会和学生社团的相关法规，这两类社团的成员一种主要是教育界人士，一种主要是在校学生，其社团活动直接关系教育系统的总体运行和国民政府教育国策的推进，因此有必要通过专门法令加以约束。

1931年1月27日，国民政府公布了《教育会法》及施行细则，明确了教育会的法人地位，并详细规定了教育会的组织系统及上下级关系："同一区域内每级教育会以一个为限"，上级教育会必须经过下级教育会发起才能成立，"上级教育会以其直接下级教育会为会员"，《教育会法施行细则》更规定"凡下级教育会应一律加入直接上级教育会"，并且"下级教育会对于直接上级教育会经费有共同担负之义务"，教育会上下级职员不得互相兼职。《教育会法》还规定了政府部门对教育会的管理职能，政府对教育会职员任用、会员资格、收支情况等方面都加以监督，对于教育会"违背法令，情节重大"的，政府可以予以解散，并要求法律施行前已成立的教育会都应依法改组。①

学生社团常常卷入国共两党意识形态的斗争中，是国民党通过社团法规重点防治的目标。1929年3月，国民党"三大"提出"本党对于男女之青年，今后应极力作成学校以内自治生活"，1930年1月23日，国民党中央第三届中央执行委员会第67次常会通过《学生团体组织原则》，规定学生社团的组织范围仅限于学校以内，其组织目的则是"本三民主义之精神，作成学生在学校以内之自治生活，并促进其智育、德育、体育、群育之发展"，组织方式一律采取委员会制，并且其职权"以不侵犯学校行政为限"。② 1930年9月《指导人民团体改组应注意事项》中又规定，各学校学生会应改组为学生自治会，并向主管官署备案，"其不遵令改组者，应行撤销之。至各地学生联合会、青年联合会，应一律撤销之"。③ 通过

---

① 参见《教育会法》，《行政院公报》1931年第223号，第24～28页；《教育会法施行细则》，《国闻周报》1931年第8卷第40期，第2页。

② 《学生团体组织原则》，《教育公报》1930年第2卷第6期，第23页。

③ 《指导人民团体改组应注意事项》，中央训练部编印《民众训练方案法规汇编》第2集，1931，第14页。

这些规定，仅限于学校以内从事"自治生活"成为学生社团的基本原则，五四运动以来影响巨大的学生校际联合则被视为违法行为，社团规模和活动都受到了明显限制，各校校内的学生自治会成为学生社团的主要组织形式，并受到国民党政府的严密监控。该政策在"九一八事变"之后有所松动，1932 年《民众团体组织方案》强调了学生对于民众运动和民众团结的重要性，"男女青年为民族自觉运动之重要分子，团结各种民众之连锁"，放开了此前对学生社团仅仅"作成学校以内之自治生活"的限制，要求"对于校外之正当运动示以正轨"，赋予了学生社团一定的校外活动权利。①

第二节　深度介入和干预社团事务

社团的组织运行有其一般性规律，在近代结社自由和社团自治的前提下应由社团自主处理，但是中国近代社团法规自始就赋予了官方对社团的干预权力，南京国民政府所构建的社团法制体系继承了这种干预传统，有所不同的是消极预防性有所淡化，积极引导性有所增加。国民党为了借助社团施行民众训练以完成训政目标，通过多种法规对社团事务活动进行深度介入和干预，试图从人事、经费、活动等各方面对社团进行有效的控制。

一　干预社团人事

国民党对社团人事的干预主要表现为任命社团指导员和干预社团职员的任用。根据社团的组织和改组办法，党部的"指导"起着至关重要的作用。为了便于各级党部按照中央意图推进社团改组，国民党中央制定颁布了一系列关于"人民团体组织指导员"的办法，以强化党部对社团改组的"指导"。

1930 年 7 月 31 日，国民党第三届中央执行委员会第 103 次常会通过

---

① 中国第二历史档案馆编《中国国民党中央执行委员会常务委员会会议录》第 18 册，广西师范大学出版社，2000，第 68 页。

了《人民团体组织指导员任用规则》，规定社团当地高级党部应选派从事民众训练的党部工作人员充任人民团体组织指导员，"并须通知有关系之团体及官署"。人民团体组织指导员并非常设职务，其所指导的社团组织完成经党部确认后，其指导员职务即予以解除。此外，如果指导员有被开除党籍、营私舞弊及指导工作不力的，党部可以随时加以撤换。① 中央训练部还特别向地方党部指出，人民团体组织指导员是专门"为指导人民团体之从新组织而设"，不能将社团的发起设立与改组工作相混淆，改组社团的指导人员应按照《指导人民团体改组办法》的规定称为"指导改组负责人"。② 1931年1月7日，国民党中央训练部又颁行了《人民团体组织指导员工作方法》，规定指导员应依据《人民团体组织方案》等法令开展指导工作，其具体工作包括向社团的发起人"说明一切关于人民团体之组织事项，必要时得召集发起人开谈话会"，并应指导发起人完成组织筹备会、拟定章程、呈请党部核准和呈报政府备案的手续。指导员的工作情形要每周向主管党部报告，并在社团组织完成后"将其工作经过编造总报告"。③

社团职员是对各种社团的负责人、理事、监事等在社团内承担一定事责的人员的总称，是社团日常运营事务的主要操作者，直接关系到国民党社团政策的执行情况。1930年9月18日，国民党三届中央执行委员会第109次常会通过了《人民团体理事监事就职宣誓规则》，要求社团的理事和监事以及"等于理事、监事之人员"在就职前必须经过宣誓程序，并且"须由当地高级党部及主管官署或监督机关派员监督"，誓词内容是"余谨以至诚实行三民主义，遵守国家法令，忠心努力于本职，如有违背誓言，愿受严厉之制裁"，带有浓厚的政治色彩。④ 1933年该规则进行了修正，进一步严格仪式性的要求，规定所有社团的理事、监事在宣誓后，一

---

① 《人民团体组织指导员任用规则》，中国国民党中央执行委员会训练部编印《民众训练方案法规汇编》，1931，第6～7页。

② 《中国国民党中央执行委员会训练部指令》，《中央训练部公报》1930年第5期，"公文"，第13页。

③ 《人民团体组织指导员工作方法》，中国国民党中央执行委员会训练部编印《民众训练方案法规汇编》，1931，第7～10页。

④ 《人民团体理事监事就职宣誓规则》，《中央党务月刊》1930年第26期，第37页。

律应将誓词汇呈当地高级党部备案。对于有特殊情形不能举行宣誓仪式的，可以用填写誓词的方式汇呈备案，但必须提前得到当地高级党部的核准。①

关于社团职员的选举，国民党中央认为"在以前颁布之各种人民团体法规中尚无详明规定，原应划一办法"，1931 年 1 月 22 日，国民党第三届中央执行委员会第 124 次常务会通过了中央训练部制定的《人民团体理事监事选举通则》，在该办法的讨论过程中，国民党中央鉴于已经颁行的各种社团组织法规并没有对社团的职员统一名称，"若仅以理事监事为标题殊难包括"，遂将该办法更名为《人民团体职员选举通则》。② 该通则明确赋予了党政机关对选举进行全面干预的权力，各种社团进行职员选举必须提前五天"呈报当地高级党部及主管官署或监督机关"，并且"须由当地高级党部指定人员出席指导，并由主管官署或监督机关指定人员监选，方得举行"，党政机关人员的"指导"和"监选"成为社团选举的必要条件；选举中如发现有违规舞弊等行为，主席有权取消选举人资格或宣布选票无效，但都必须"征得指导员及监选员之同意"；选举完毕后，社团必须在三天内将当选人的姓名、籍贯、履历等具体情况"呈报当地高级党部及主管官署或监督机关备案"。③

该通则及后续发布的解释还对社团职员的选举人资格、选举方式、计票方式、违规处理等各种环节和程序都做出了规定，构成了对社团选举比较完善的规定。根据这些规定，选举人必须是社团的会员，但并不限制兼任，"各种人民团体之会员职员，若无系统关系或利害冲突，法条上亦无限制明文，自得兼任，其两地团体会员者同时有选举及被选举权"，④ 选举使用记名连选法，选举人必须在选票上签章，并且禁止自选举，否则选票视为无效。⑤

---

① 《修正人民团体理事监事就职宣誓规则》，中央民众运动指导委员会编印《民众运动法规方案汇编》，1935，第 49～50 页。
② 中国第二历史档案馆编《中国国民党中央执行委员会常务委员会会议录》第 13 册，广西师范大学出版社，2000，第 452 页。
③ 《人民团体职员选举通则》，《中央党务月刊》1931 年第 30 期，第 101～103 页。
④ 俞钟骆、吴学鹏：《国民政府统一解释法令续编》，上海律师公会，1933，第 18 页。
⑤ 《修正人民团体职员选举通则》，中国第二历史档案馆编《中国国民党中央执行委员会常务委员会会议录》第 20 册，广西师范大学出版社，2000，第 202 页。

　　在社团选举和就职宣誓两种程序中，由于社团职员的选举结果会直接影响到社团的活动情况，并且在训政阶段选举过程可以"训练"人民行使选举权，因此国民党中央显然更加重视选举，而宣誓仅仅是一种仪式，对于社团并没有多少实质性的影响，其受重视程度明显次之。1934 年 4 月，浙江省党部呈请解释选举中如有困难能否改用推选，中央民众运动指导委员会答复认为，社团职员选举已经明定记名直选方法，"其意本在防止舞弊，并借此为人民团体选举权之训练，故规定至为严密。设予以通融办理，改用推选方式，不惟有失规定之本意，且亦易滋流弊"。① 1935 年，汉口党务整理委员会呈请解释，在社团职员在选举或就职宣誓过程中，如有指导监督机关有一方未派员出席，选举或宣誓是否有效。民众运动指导委员会回复，如果没有党政机关在现场监督，选举视为无效，宣誓则可以通融办理。②

二　补助社团经费

　　社团的运行需要消耗一定的人力物力资源，经费是物力资源中的关键，经费的充足与否经常直接决定了社团生命力的强弱，如果政府能对社团的经费进行有效的监控或干预，显然有助于强化政府对社团的控制。在以结社自由为基础形成的社团中，社团的经费主要依靠会员所缴纳的会费，这是社团实现会员自治、事务自决的基本条件。民初北京政府对此一般没有直接干预，并且通过立法对社团经费自筹加以确认，如民国北京政府于 1912 公布的《农会暂行规程》中规定"农会经费分别由各农会会员分担"，1914 年公布的《商会法》中也列有"经费"一章，规定"商会经费由会员负担"。③

　　国民革命时期，国民党组织设立多个革命化的民众团体，并补助了大

---

① 《人民团体职员选举方法未便改用推选》，《中央党务月刊》1934 年第 70 期，第 371 ~ 372 页。
② 《解释人民团体职员选举及就职宣誓指导监督机关有一方未派员出席时应否生效》，《中央党务月刊》1935 年第 79 期，370 ~ 371 页。
③ 参见《农会暂行规程》，《政府公报》1912 年 9 月 26 日，第 149 号，第 4 页；《商会法》，《政府公报》1914 年 9 月 13 日，第 847 号，第 15 页。

量经费。① 随着革命的进展，社团增多和规模扩张，经费开支日渐浩大，1927 年 8 月福建省党部请示国民党中央，"本省各社团、各工会纷纷呈请职会函转省政府饬财政厅补助经费，多者至数千元，少者亦数百元。不予补助于各该社团工会进行固多窒碍，若一一予以照准，为数颇巨，且恐有巧立名目，故事铺张之弊"。在省党部看来，若对各种社团一一补助经费显然难以承受，但党部作为民众团体的组织者，拒绝补助似乎又于理不通，"未奉中央明令，颇难对付"，请国民党中央明示。② 10 月国民党中央批复称，社团的经费应自行筹集，不应由党部或者政府拨给，"因特别情形而酌予补助者不在此限"。③

1929 年 5 月 10 日，国民党三届中央执行委员会第 10 次常会通过了《各级党部经费支配办法》，区党部在"活动费"项目下列支"党员在民众团体中之活动费"，除了民众团体的开销外，活动费还包括扩充党务和文字宣传，三项合计不得少于经费总数的三分之一；县党部、省党部的经费中列支"津贴民众团体"项目，铁路工会特别党部的经费中列支"津贴工会"项目。除各级党部列支的社团经费外，该办法还列有"民众团体"专条，其中规定"民众团体之筹备费及整理费由当地党部核定发给"，并且"在筹备与整理之际，特由党部予以相当的经济之协助"，社团成立之后的经费仍然以设法使会员自行担负为原则，"如会费及特别捐仍不足以维持时，得由党部酌量津贴之"。④

1930 年 6 月 26 日，国民党三届中央执行委员会第 98 次常会通过了关于社团补助费的专门法规《人民团体经费补助办法》。关于补助原则，该办法强调各种社团都是"以人民之自由意志为基础，由人民自行发起"，因此其经费应以社团会员的会费及捐款等为原则，给予补助属于特事特办，"并非常例"。补助的主要目的在于帮助社团中的"有应组织而无力组织者"和"已经组织对于本党主义颇能真实接受推行，且奉公守法为民

---

① 参见《布告各团体知照》，《广东省政府周报》1927 年第 9 期，第 24 页。
② 《呈文》，《福建党务半月刊》1927 年第 3 期，第 14 页。
③ 《中国国民党福建省党部筹备委员会训令》，《福建党务半月刊》1927 年第 7 期，第 58 ~ 59 页。
④ 中国第二历史档案馆编《中国国民党中央执行委员会常务委员会会议录》第 8 册，广西师范大学出版社，2000，第 146 ~ 147 页。

造福，而无力维持者"，通过这些社团来"推行训政，制止反动，建设民权政治之基础"。可见，国民党对社团的经费补助含有强烈的政治意图，希望通过经济手段对社团加以引导和控制，将其纳入国民党的政治方向之下。

为了贯彻这一意图，该办法规定，补助经费的对象社团以各省市党部"认为有补助之必要"为确定依据，既可以拨发经常性补助，也可以提供临时性的因事补助。接受补助的社团要编制经费预算呈请党部核定，领取补助后必须造具决算和收支对照表，呈请党部检查，"如不按期呈送或报销不清者，应即停止其补助"。

依照该办法的规定，政府处于比较尴尬的地位。补助费的来源除了"因特殊情形由党部秘密执行者外"，主要部分都是由党部会同政府"统筹办理"，但是政府并没有决定权，仅仅是执行党部的决定，办理社团预算备案、决算核销等具体事务，充当类似于会计出纳一类的角色。

该办法最初规定，社团的补助费总额"至多不得超过该团体经费预算百分之二十"，依照这个较低的上限标准，补助费对社团的实际影响比较有限。[①] 1933 年 2 月 9 日，国民党四届中央执行委员会第 57 次常会对该办法进行了修正，将补助上限大幅提高至百分之四十，从而使党部通过经费对社团的控制力度明显增强。[②]

三　规范社团组织活动程序

除了对社团人事、经费方面的干预外，国民政府还通过各种程序性法规对社团活动进行干预。国民党认为社团"健全"的标准，一是"组织分子须合于法令之规定"，二是"手续须完备而无欠缺"，[③] 因此一方面通过组织方案对社团的成员予以限制，另一方面通过程序性法规来完善社团

---

① 中国第二历史档案馆编《中国国民党中央执行委员会常务委员会会议录》第 12 册，广西师范大学出版社，2000，第 145 页。

② 《修正人民团体经费补助办法》，蔡鸿源主编《民国法规集成》第 69 册，第 201 页。

③ 《解释人民团体组织指导员撤回时期及人民团体健全之标准两项疑义》，《中央党务月刊》1934 年第 72 期，第 547 页。

的相关"手续"。这些程序性法规是对社团政策和原则性规定的细化，其颁布主体一般为党务系统，多指向社团组织过程中的某一阶段，或者指向各种类型团体的某一活动程序，包括社团许可证、社团更名、社团行文程式等，更直接地体现出国民党对社团活动的控制。

根据国民党中央关于社团组织的制度办法，在社团设立的过程中许可证书是必备的法律文件。1929年《人民团体组织方案》即规定，职业团体的发起需经过党部核准后发给许可证书，并且许可证书内必须载明以下遵守事项：不得违反三民主义，接受国民党指导；会员必须"以真正同业者及法律所许可之人为限"，且不得接受"有反革命行为或受剥夺公权处分者"为会员；除例会外的其他各种会议必须经过当地高级党部及政府许可后才能召集。① 1930年9月13日，国民党中央颁布了《人民团体组织许可证颁发通则》，规定社团发起人向党部提出申请后，党部"须于一星期内派员视察，根据视察报告，经审核合格时，始得发给许可证书"，社团的许可证书应按照国民党中央颁行的式样予以统一，发起人领取许可证书后如不慎遗失，应立即"申述缘由，呈请补发"，如果领取证书六个月后仍然没有完成社团筹备组织程序，"原颁发党部得将许可证书撤销"。②

1934年8月15日，国民党中央进一步解释了关于撤销社团许可证的疑义，强调党部和政府要配合加强对许可证的管理。党部颁发社团许可证后，如果根据社团的组织情况认为应该撤销许可的，"应即追缴注销，以免发生流弊"；若"该团体领证人不遵命缴回"，党部不能加以强制，而只能"函请当地政府执行之"；社团许可证被撤销后，原发起人"即不得再行筹备"，但若撤销原因仅仅是原发起人"工作不力"，社团可以重新推选发起人，再向党部重新申请颁发许可证。③

政府与社团间的公文程式问题在民国初年曾经引起争议，其实质是社团试图通过公文术语争取较有利的地位。南京国民政府相比北京政府在统

---

①　《人民团体组织方案》，《中央周报》1929年第55期，第22页。

②　《人民团体组织许可证颁发通则》，《申报》1930年9月13日，第13～14版。

③　《解释关于撤销人民团体许可证疑义两点》，《中央党务月刊》1934年第74期，第700页。

治力上有所增强，民间社团难以抗衡，在公文程式这种程序性规定上较多表现出服从姿态。

1930 年 2 月，国民党中央公布了《人民团体与党部往来公文程式》，对党政机关与社团的公文程序按照隶属关系加以区分，规定社团对于所在地的高级党部和政府的主管部门行文应用"呈"，社团所在地高级党部及政府主管部门对于社团的呈请有所指示时用"指令"，有所指挥或告诫时用"训令"，社团与其他地方无隶属关系的党部和无主管关系的政府部门，彼此间行文均用"公函"。①

国民党中央除了规定党政机关与社团彼此之间的公文往来程序外，还颁布法令干预社团内部的行文程序。1931 年 7 月，国民党中央训练部规定"教育会、农会上下级会往来公文程式，均用公函"；1932 年 6 月，国民党中央民众运动指导委员会规定，对社团内部行文程序按照以团体为会员者和以个人为会员者两种情况分别处理，社团与团体会员间下行文用"令"，上行文用"呈"；社团与个人会员间，行文宣布关于普遍性事件用"通告"，其他均用"函"。1936 年，国民党中央民众训练部认为此前的公文程式规定"颇涉纷歧，易滋误会"，又重新进行了修订，特别对社团内部的行文制定了规范。该程序规定，"凡有系统组织之人民团体，即有隶属关系者，上级对下级行文用令，下级对上级行文用呈，但会与个人会员得互相用函"，"有级数而无隶属关系之人民团体一律用函"。②

社团的名称是社团的形式要件之一，在国民政府的社团登记注册体制下，社团名称是对社团身份加以识别的重要标识。1936 年，国民党中央颁布了《人民团体申请变更名称办法》，规定社团不得随意变更名称，更名必须首先经过会员大会决议通过，再向当地党部提交更名的"理由书"呈请许可；党部接受请求后，必须"审慎考核，认为理由充足、确有变更名称必要时"，才能批复准予变更，并且致函同级政府查照；社团的"理

---

① 《训令：第九五六号（十九年三月八日）》，《行政院公报》1930 年第 133 期，第 13～14 页。

② 《中国国民党中央执行委员会民众训练部通告：第三〇七六号》，《中央民众训练公报》1936 年第 6 期，第 68～70 页。

由书"获准后，必须再准备更名"申请书"，并连同章程、会员名册、职员履历表等文件，分别向核准党部和政府主管部门呈请备案，核准备案后社团还必须"依法呈请改换图记"。根据该办法，社团变更名称的过程相当复杂，有大量的文书手续，显然含有通过提高成本对社团更名行为加以限制的意味。①

---

① 《人民团体申请变更名称办法》，《中央党务月刊》1936 年第 97 期，第 837 页。

第六章 南京国民政府社团法制体系的特征

南京国民政府的党政二元社团法制体系在设计上有着强烈的政治诉求，在其治理架构中起核心作用的并不是法律规范，而是国民党的民众运动方针政策，社团只是执行民运政策的工具和手段。在这种政治导向的治理逻辑下，国民政府时期的社团组织和活动呈现出明显的"国进民退"，政府不断扩大其社团管理职能，干预社团的组织和活动，社团功能不断向政府一侧倾斜，并随着国内外形势的变化，趋向于社团统制。同时，社团活动的多样性增加了立法和执法的难度，随着社团法律实践的进行，社团立法中的疏漏和矛盾越来越多地暴露出来，结构性的缺陷突显。

第一节 社团治理的统制趋向

南京国民政府自成立以来，就处于纷繁复杂的国内外矛盾中，为了能够在险恶的环境中生存，国民政府的各种政策频繁进行调整和变动，从而对政治导向下的社团法制体系产生了影响。从总体上来看，社团法制的变化根据国内外政治局势的变化而表现出一定的阶段性特征，而最为明显的即为社团治理逐步趋向社团统制。

一 "民众训练"的强化

1931 年"九一八事变"爆发之前是国民政府调整和构建社团法制比较稳定的阶段，在此阶段国民政府层面有比较明确的内政方针，要将社团的作用从革命时期的阶级斗争转变为建设时期的阶级调和，民众运动一度偃旗息鼓，代之以党部主导下的民众训练，并通过大量的技术性立法来弱化社团对社会资源的影响和控制力，提高政府在社团法制体系中的权威性，以巩固新生政权的地位。不论是党务系统颁行的各种组织办法，或是政府颁行的社团单行法，各种社团立法在这方面都具有一定的共通性。

　　"九一八事变"的爆发使国家的主要矛盾产生了转化，由国内政治统一和经济建设变为抵御外敌的军事侵略。南京国民政府的国内外政策都随之做出了重大调整，重新开始强调民众运动，试图借助民众的支持，最大限度动员社会资源，以应对严峻的局势。作为民众运动的重要构成部分，社团政策也相应做出了调整，从前期以整理和规范为主，转向了发展和控制并用，强调要"积极指导民众团体之组织，并扶助其发展"，① 力图以社团为载体，重新激发民众的力量，并集结在国民党的统一指挥下对抗外来侵略。国民革命之后曾一度回避的"民众团体"称谓也开始又在官方语言中频频出现，与"人民团体"混用，甚至有取而代之之势。

　　国民党在战争威胁下对社团发展的政策是带有明显功利性的，发展社团本身就是为了通过社团实现对社会资源更广泛的控制，这种设想在理论上是美好的，但要在实践中推行，则必然使社团的现有地位、作用、组织模式都发生相应的变动，对于国民党脆弱的基层组织机构而言并不容易实现。同时，这种既要发展又要控制的思路实际上是将两种不同取向的政策糅合在一起，在实践过程中容易导致自相矛盾。

　　为了能够把社团有效纳入战备的体制下，自 1931 年末国民党频繁召开了代表大会、中央全会、国难临时会议等一系列会议，研究应对局势的方针政策。在这些会议上，国民党中央反复强调各级党部和党员的作用，要求党员深入社团中，"忠诚服务，表率社会，在民众间取得坚实之信仰；以师保之精神，负艰重之责任，使民众由亲爱本党而完成本党之领导作用；然后训练策动，方为有效，以矫过去民众隔离之失"，② 试图通过强调党员的贡献来改善党群关系，解决发展和控制社团的矛盾。同时，国民党中央继续强调"训练"的作用，并调整社团训练的内容，"过去对于各种民众团体，大都仅指导其组织，使为政治活动之行的发展，而缺乏知的进益，今后应向此方努力前进"，③ 要将训练的重点放在民众知识、技能

　　① 《国难期间临时党务工作纲要案》，中国第二历史档案馆编《中华民国史档案资料汇编》第 5 辑第 1 编"政治"2，江苏古籍出版社，1994，第 362 页。
　　② 《关于今后党务工作纲领案》，荣孟源主编《中国国民党历次代表大会及中央全会资料》下册，光明日报出版社，1985，第 381 页。
　　③ 《对于常务委员会及组织、宣传、民众运动、海外党务四委员会工作报告之决议案》，荣孟源主编《中国国民党历次代表大会及中央全会资料》下册，光明日报出版社，1985，第 186 页。

的提升上，以适应战备的需要。

　　自从"清党"后，国民党在基层民众社团中的影响力明显下滑，而社会中层的社团也因为新的立法突出政府权威性而受到损害，与国民党逐渐疏远，这一切归根结底是国民党对社团的控制手段造成的。但是，国民党中央却认为这是民众训练不够的结果，"民众训练未能切实推进，致使党与民众之间日形隔离"，在错误的指导思想下，社团治理的趋向只能是继续加强民众训练，其结果也只能是进一步限制社团的发展，加剧国民党与民众之间的隔阂，从而催生新一轮的训练，陷入恶性循环之中，并使得国民党政府在社团法制体系中不断自我强化，在国内外形势的刺激下产生了由国家直接控制社团的统制趋向。

二　社团统制的思想基础

　　"统制"是20世纪二三十年代的流行词汇，最初是一个经济学术语，主要与计划经济政策相联系。中国统制经济思想主要源自对1929年经济危机的考察，这场危机是人类历史上前所未有的灾难，对各主要资本主义国家的经济生产造成了巨大破坏，导致30年代欧美各国普遍出现了严重的经济衰退和不同程度的社会混乱，并深刻影响了其后数十年的世界政治局势。中国经济学界对于大危机有着比较密切的关注和深入的思考，作为当时经济学精英的聚集地，中国经济学社的众多专家对危机和统制进行了讨论，比较一致地赞同实施统制，但对于统制的具体方式意见不同。以陈长蘅为首的一派主张应由政府来直接承担统制责任，而以马寅初为首的一派则主张通过同业公会等工商社团来实施统制，后一种意见成为当时的主流。

　　马寅初认为国民政府"实力微弱"，难以满足成为统制主体的条件，"国民政府成立之后，虽力事改革，百废俱兴，而积重难返，所谓整顿未能尽如所愿"。[①] 马寅初力主将商会和工商同业公会都纳入统制体系中，以同业公会为统制的基本单位，"以中央政府为背景，利用各省之商会及同业公会，使能统制各省之工商业"，既可抵抗外国倾销，又可回避政府

---

　　① 马寅初：《中国经济改造》，《马寅初全集》第8卷，浙江人民出版社，1999，第6页。

直接出面干预可能引发的外交纠纷，"如是中央政府如欲各省对洋货与仇货加以拒绝或限制，只须授意各地商会或一省商会联合会主席，即可实行矣。不必使用公文，致留政府指示之痕迹，对外表示商人之自动，与政府无干，外人亦无可责难"。这种统制方法要求由同业公会根据详尽统计和计划直接代办外贸，对同业公会的管理和运行机制提出了较高要求，需要商会和同业公会形成严密的商业网络体系，政府则需要通过立法紧密配合，"如同业公会会计制度之划一、购买洋货合同之检查、公会代办按户推销之办法、同业在公会中权利与义务之对待，皆须由政府分别拟订具体规章，实行之责皆由同业公会任之"。①

在经济学界讨论经济团体统制同时，法学界和政界开始产生社团统制的整体性构想。社团统制已经不再是一种单纯的经济政策，而是一种对社团治理结构的综合设计，是一种从根本上改变社会组织形态的主张，其中含有深刻的国家主义和民族主义诉求。

社团统制的思想有几个来源。一是孙中山关于三民主义的解说，二是欧美国家的社会法思想，三是德意日的法西斯主义。

孙中山曾经提出，中国的国民性散漫，没有社会观念，"个个有自由和人人有自由"，"人人把自己的自由扩充到很大，所以成了一片散沙"，因此三民主义不能放纵个人自由，而是要追求"团体的自由"。② 三民主义中包含相当浓厚的社会本位色彩，民权主义主张民众权利的行使，民生主义则关注社会发展和公共利益，在三民主义立法原则的指导下，南京国民政府早期的社团法制建设即体现了一定的社会化倾向，强调发挥社团在国家中的整体价值和作用，调和社团彼此间的利益冲突。

欧美国家的社会法思想则是对个人自由传统观念的矫正。经过自由资本主义的多年发展，19 世纪末至 20 世纪初，欧美国家开始注重普遍的社会公共利益，认为个人自由权益应受到一定的限制和约束，进而在代表国

---

① 马寅初：《中国抵抗洋货倾销方策之我见》，《马寅初全集》第 7 卷，浙江人民出版社，1999，第 231 页。
② 参见孙中山《三民主义·民权主义》，《孙中山全集》第 9 卷，中华书局，2011，第272～281 页。

家公权力的公法领域和代表个人私权利的私法领域之外，出现了作为"第三法域"的社会法。德国法学家拉德布鲁赫即认为，社会法源自传统公法和私法"逐渐不可分地渗透融合"，社会法"既不是私法，也不是公法，而是崭新的第三类"。①

社会法在一战后广泛传播至其他欧美国家，在美国出现了庞德这样的集大成者。中国法学界在 20 世纪 30 年代前后引进了社会法相关理论体系，在南京国民政府立法院中吴经熊、张知本等法学家出身的立法委员对社会法有相当的研究。吴经熊指出，"社会学派的法学是现代三大宗派之一"，并表示自己"对这派有相当的敬意"，② 张知本则撰写了社会法的专著《社会法律学》，对社会法学进行了系统的阐释，认为"法律为人类共同生活之规范，其目的当然以调和全体人类之利益为主，若扬此而抑彼，即已反乎法律之社会目的：其基于此种目的而从事于法律之研究者，即社会法律学是也"。③

法西斯主义的传入则与中国的外患有着密切关系。1931 年"九一八事变"之后，中国在国内阶级矛盾依然尖锐的同时，又面临着日本对于中国国家和民族总体安全的严重威胁。在这样特殊的时代背景下，除了法学界对社会法进行学理性的探究外，知识阶层还广泛接触其他各种政治理论和思潮，以寻求救亡图存之道，源自意大利的法西斯主义也在此时进入中国，并从另一个方向刺激了中国社团统制思想的兴起。

法西斯是一种极端的国家主义、民族主义形态，强调国家和民族整体利益的绝对至上，如意大利《法西斯劳动宪章》中所言，"意大利是一个道义上、政治上和经济上的统一体，其完美的实现形式便是法西斯国家"。有的研究者认为，法西斯是一种国家社团主义，"发展了最初关于建立行会组织的主张，全面阐述了行会国家的思想"。④ 法西斯主义中的国家成为超阶级的存在，所有社团及其他一切公共资源都被统一到独裁政权之

---

① 〔德〕古斯塔夫·拉德布鲁赫：《法学导论》，米健、朱林译，中国大百科全书出版社，1997，第 77 页。

② 吴经熊：《法律哲学研究》，清华大学出版社，2005，第 322 页。

③ 张知本：《社会法律学》，上海法学编译社，1931，"自序"，第 2 页。

④ 《法西斯劳动宪章》，李琮主编《世界经济学大辞典》，经济科学出版社，2000，第 184 页。

下，墨索里尼宣称，"在社团制及一切工作的背后，高高站着一个法西斯主义，做意大利各级生活的调和者、支配者、先导者"。①

"九一八事变"爆发后，中国国内出现了广泛的民族主义思潮。国人出于救亡意识，对国外的各种政治理论和制度都加以考察和引进，而法西斯国家依靠国家对经济的高度集中，在应对经济危机时表现出了一般民主共和体制国家所不具备的优势，从而在当时国际社会上产生了重大影响力。而且，从法西斯主义的基本理论来看，其关于超阶级国家至上等主张与国民党奉行的"全民党"理论也有相通之处。中国知识阶层中开始有人研究法西斯主义，态度也由原来的排斥转为一定的支持，甚至公开宣称应在中国实行法西斯主义，将三民主义和法西斯加以结合，"现在中国已经是千钧一发的时候了，如果要找到出路，唯有以三民主义为体，以法西斯主义为用，中国民族才有复兴起来之希望"。②

1935 年 10 月 3 日，意大利发动了对埃塞俄比亚的侵略战争，并于 1936 年 5 月获得了战争胜利。意埃战争中意大利完全是非正义的一方，而且意大利国土狭小，资源贫乏，却能取得战争胜利。而此时正值国民政府面对日本侵略步步退让，法西斯主义所表现出的某些强势特征对于处于困境中的中国显然是具有一定吸引力的。马寅初即认为，意大利获胜的原因在于"一面严密组织团体，一面增加效能。故知有组织之贫困国家，亦可得最后之胜利也"。中国资源丰富远胜意大利，如果中国也能推行社团统制，通过严密组织"其功效必在意大利之上"。③

法西斯主义在经济、军事方面的全民化高度组织性，为深陷战争阴影的南京国民政府所瞩目。在法西斯主义的刺激下，南京国民政府的政界高层进一步对学界所讨论的统制经济和社会法思想加以阐发，社会法兼顾社会利益和个人利益的特点被选择性地忽略，而出现了强调国家统制的绝对化倾向，并认为这也是符合国际最新潮流的先进理念。社会法在欧美兴起

---

① 墨索里尼：《我的自传》，转引自金永华《墨索里尼》，宁夏人民出版社，1986，第 82 页。

② 陈穆如：《法西斯蒂与中国出路》，《社会主义月刊》1993 年第 1 卷第 7 期，第 45 页。

③ 马寅初：《防止走私最好的方法》，《马寅初全集》第 9 卷，浙江人民出版社，1999，第 188 页。

之时，其主旨在于限制个人权利的过分扩张，注重社会利益的保护，希望在公法和私法之间取得平衡，中国化的社会法思想则失去了其平衡性，极端强调国家和民族的共同利益，而忽略个人的自由权利，强调"必须有牺牲个体以全群体之精神"，这无疑就失去了"第三法域"的特点，而成为公权力的事实代言人。

国民党高层中，蒋介石虽然没有公开支持法西斯主义，但对法西斯主义所包含的部分主张表示认可。早在1928年7月蒋介石就曾公开声称"以后各社会，各团体，一定要养成革命化，军队化……社会团体的军队化，全国民众有组织、有训练，实在是今后救国、建国的不二方法"。[①]国民政府并没有公开宣称要实施法西斯式的国家社团主义，而是通过社团法规的修正打开了通向社团统制的大门。为了最大限度挖掘民力以对抗内忧外患，国民党要求民众"以极端之刻苦，任加倍之劳役，捐弃个人自由权利，以贡献于国家之建设"，[②]自孙中山时代就有的"要团体自由而非个人自由"论调在国民党高层内形成了主流，就连一向以温和著称的蔡元培也称"有团体、有组织的，就是民权，就是力量……法国革命的口号是自由、平等、博爱，在中国讲博爱固然重要；至于自由两字，中国个人的自由却太甚了，所以成散沙一般，必须提倡团体自由，肯为公众牺牲才好"。[③]民众的自由权在中国尚未充分发育，便又被遮掩在"贡献于国家之建设"的旗号下。

三　社团统制的推行

为了追求"团体自由"，国民政府在1930年代的社团政策日益突出对社团的社会本位要求，强调社团组织和活动应注重对国家利益和民族利益的追求。1935年11～12月的国民党"五大"上，社会本位被提到了基本国策的高度，提出要将"提高民众对国家民族之意识"作为"训练民众

---

① 蒋介石：《中国建设之途径》，张其昀主编《先总统蒋公全集》第1册，台北中国文化大学出版部，1984，第559页。
② 《第四次全国代表大会宣言》，《中央周报》1931年第182期，第8页。
③ 蔡元培：《三民主义与国语》，沈善洪主编《蔡元培选集》下册，浙江教育出版社，1993，第1289页。

之最高鹄的"，所有民众社团的组织"悉应趋向于此鹄的"，并根据此目标对社团的活动范围和工作中心"均予以适当之规定"。①

在此目标的指示下，国民党对各种社团组织的工作要点都相应进行了调整，一概囊括到国家主义、民族主义的旗下，如工人社团"应减低本身利益之追求，向民族利益而迈进，从生产技能之需要，启生产责任之自觉"，商人社团要注重解决店东和员工之间的纠纷隔阂，"指导其趋向于共同利益之维持，从权利之争持进而为责任之分担"，学生社团"应设法以民族意识、科学知识、道德观念指导其团体工作"。

值得注意的是，此次大会上国民党提出了明确的经济统制主张，对于国民经济建设要由国民党中央"详订各项计划"予以指导，各级党部在计划指导下，"应组织各种职业团体、生产组合、同业公会等经济团体而统制之"，并且各地党员要积极按照其职业参加各种经济团体，以协助对经济统制的"策动"。除了经济统制之外，国民党通过的决议案中已经开始表现出普遍性的社团统制趋向，对于"国民经济之建设、国民教育之普及、国民道德之培养、国民体质之改进"等各类工作，都要"兼采整齐统制之方式"，将统制范围远远扩张至经济领域之外。② 1935 年 12 月通过的《关于今后党务工作纲领案》中，国民党中央进一步提出，对于各种社会文化团体等"特种社团"也要加强关注，认为过去对于特种社团的工作"多偏于消极方面"，为了能够"使本党主义与政策深量渗透于民间"，今后"对于各特种社团应为有力之领导与扶助"。③

为了能够顺利推行社团统制，国民政府在"五大"前后，连续开展了全国性社团的整理和检查，试图整顿社团，并详细掌握全国社团的相关资料。1934 年 5 月，国民党中央公布了《人民团体整理办法》，该办法规定，针对已经依法成立的社团，如果"不健全或发生纠纷"，而问题的程度并不严重，"尚未达到依法解散之规定"，则应对其进行"整理"。社团

---

① 《关于今后党务工作纲领案》，荣孟源主编《中国国民党历次代表大会及中央全会资料》下册，光明日报出版社，1985，第 381~383 页。

② 《对于常务委员会及组织、宣传、民众运动、海外党务四委员会工作报告之决议案》，荣孟源主编《中国国民党历次代表大会及中央全会资料》下册，光明日报出版社，1985，第 186~187 页。

③ 《关于今后党务工作纲领案》，第 382 页。

整理对象由各地高级党部进行选择，并需要呈请上级党部批准，确定后由党部通知政府对社团"饬令整理"，党部"派员指导"，而整理工作人员则由党部"就该团体会员中选派三人至五人充任之"。整理工作的实施程序由各社团的整理员拟定，呈请党部核准施行，并且整理期间"以一个月为限"。①

从该办法的规定来看，党部在整理工作中起主导作用，具体实施则是由党部选择的社团整理员负责，但是该办法却又专门规定由政府通知社团进行整理，事实上政府在全部整理过程中的作用除了"饬令整理"外，就只有整理开始和结束时接受社团的呈报及备案，并没有实质性地参与，似乎又一次扮演了"秘书"式的角色。

在全国社团整理告一段落后，1936 年 1 月 31 日国民党第五届中央执行委员会第 4 次常会又通过了《全国人民团体视察办法》，要求从国民党中央民众训练部到各地党部统一对全国社团开展"视察"，以便"深切明了全国人民团体实际状况"，进而"加紧训练工作，积极指导其活动"。② 视察的内容十分广泛，包括社团的组织状况、经费状况、会员成分分析、会务状况、事业进行计划及成绩、对内对外的团体力量、平日接近的机关团体与个人等共计 12 项关于社团的内容，另外还包括社团负责人的履历、日常生活、技能职业、政治意向等 6 项涉及社团职员的内容。③ 如果严格按照该办法对社团进行视察，其完成结果几乎是一部关于社团的百科全书。为配合总视察的开展，国民党中央民众训练部还专门设立了"人民团体登记室"，负责根据总视察报告，"补造全国人民登记表册"，并规定"凡以后人民团体之成立、改选、改组、整理等备案或纠纷调解等案件，办理完毕须先送本室登记后再行归档"，④ 从中央层面着手建立社团的详细档案，以便于加强对社团的管理，为全面推行社团统制做准备。

---

① 《抄发人民团体整理办法》，《内政公报》1934 年第 7 卷第 21 期，第 1128～1129 页。
② 《全国人民团体视察办法》，《中央民众训练部公报》1936 年第 2 期，第 11 页。
③ 《全国人民团体总视察办法施行细则》，《中央党务月刊》1936 年第 91 期，第 160～164 页。
④ 《中央民众训练部第四次部务会议记录》，《中央民众训练部公报》1936 年第 10 期，第 66 页。

第二节　社团法制的结构性缺陷

南京国民政府在社团立法方面非常积极，制定了大量的社团法规，构建了成熟度比较高的社团法制体系，但其实践效果并不理想。一种良好的法律秩序往往是通过法律实现对现有秩序的有效调整，而不是通过法律来直接创造和构建新的秩序。在这一点上，国民政府与北洋政府恰恰相反。北洋政府统治力羸弱，过于以法律迁就事实，而国民政府则相对强势，执着于用法律来创造事实。由于南京国民政府所制定的社团法规取决于政策的需要，虽然社会现实也是立法的考虑因素，但不起决定性作用，因此，在各种社团法律关系本身并没有大的变动时，社团立法修法常常随着政治而变，带有强烈的主观性和构造性，而缺少严密的法律逻辑，其运行中体现了比较明显的结构性缺陷。

一　对结社自由权的侵害

民国初年的国会曾因党派纷争造成立法工作的混乱，南京国民政府的"党治"模式有效避免了这一问题，但却从民初多党的各执己见走向了另一个极端，要求立法完全统一在一党的意志之下。如果说民初国会的混乱是在建设宪政国家、表达民主自由诉求的过程中难以避免的必然现象，那么国民党政府初期的高效实际上是建立在反宪政、反自由基础之上的。在对于各种社团的管理中，国民党将一党的意志凌驾于指导地位，不论民众结社的初衷和社团的性质，一概要服从于三民主义，一概要服从党部，党权高于一切，既违背了社团发起设立的自愿精神，也侵犯了社团组织管理的自治原则，必然会影响社团的正常发展。

结社本属于民众的一种自由权，而在国民党构建的社团法制体系中涵盖了登记、视察、指导、改组、整理、解散等各种管理程序，对社团的成员资格、经费开支、职员任用等事务进行全面干预，社团的发起设立、运营活动直到解散无所不包，可谓对社团"从生管到死"。这样的管理模式既是对民众结社自由的扼杀，又是对国家行政能力的无谓消耗，尤其是对于国民党各级党部的要求极高，以清党之后国民党基层党部的状况，要在人员、经费都极其有限的条件下完成社团法制所规定的大量具体事务，其效果可想而知。

二　管辖权限纠缠不清

南京国民政府的党政二元社团法制体系是一套非常复杂的系统，对于社团的管理又要通过党部加以指导，又要政府实施监督，还要运用党团的方式从内部予以控制，形式上来看是严密的网络，似乎是非常精巧的设计，但实施起来十分琐碎。"党部指导、政府监督"这样原则性的规定在社团实务操作中容易造成权限不明，产生事权重叠或管理缺位的问题，对于行政效率产生不利影响。而且，这种复杂的系统并不是超前立法理念的设计，而是不断对现实进行妥协、对法律进行修补而成的大杂烩，在实施过程中难免造成社团管辖权纠缠不清。

1931 年间，江苏省农矿厅向国民政府实业部呈请解释，在农会职员选举中多有选举者不识字，而国民党中央公布的《人民团体职员选举通则》规定社团选举应实行票选，对不能书写选票者应当如何救济。这个问题本身并不是特别复杂难解，实业部却认为此问题"事关立法用意，本部未敢擅拟"，呈请行政院转咨立法院解释。行政院转咨立法院后，立法院交给法制委员会和经济委员会核议，两个委员会经过第 22 次联席会议讨论，认为此问题涉及国民党中央的政策，不能由立法院决定，"应由行政院呈请中央执行委员会解释"，又把问题还给了行政院。① 行政院又将该问题提交给国民党中央，国民党中央交给民众训练部办理，而训练部则认为这属于司法解释的问题，又通过国民政府文官处函送给司法部请予以法律解释，最终由司法部在第 480 号解释中做出了回复，称对于不能书写选票者，"可委任他人代写，惟须亲自盖章签名之委托书，其以指引十字或其他符号代签名者，在文件上须二人签名证明"。行政院按照司法院的解释，于 1931 年 5 月 7 日发布训令作出处理决定，至此方告一段落。② 司法部的解释还是比较明晰和具体的，只是此问题本身属于执法中的细节，却

---

① 《农会法第十六条疑义及关于农会职员之选举如有不能写选举票者究应如何救济解释文》，立法院秘书处《立法专刊》第 5 辑，民智书局，1931，第 162 页。
② 《训令第二一五四号》，《行政院公报》1931 年第 252 号，第 12 页。

因为管辖权的不清晰而在国民政府和国民党中央辗转多次，对于等待上级决定的基层办事人员而言，只能无限期地搁置。

"党部指导、政府监督"的并行机制形成了社团管理中的双重衙门体制，而民初的商会、教育会等社团本身已经形成了具有上下层级的组织系统，党政机关介入后，社团的基层组织要面对党政机关和上层社团三种不同的管理机构。1930 年 12 月，各种社团法规已经颁行有年，湖南省党部还在向中央请示，询问县市教育会除受党部指导和性质机关管辖外，是否仍受上级省教育会之指挥，另外对于"何者应由党部指导，何者应由行政机关管理"仍然表示疑惑。中央训练部的回复中，对于指导与监督的区别解释为"凡人民团体之组织及训练等事项，皆应依党部之指导以进行。人民团体如有违反三民主义或不遵守法令等情事时，则由政府制裁之"，关于教育会的指挥权限，解释认为既然省教育会由该省各县市教育会联合组织而成，"则县市教育会对于省教育会，自有系统上之关系，应在法令规定范围内受其指挥"，[①] 于是党部、政府、省教育会都有权指挥县教育会，从而形成典型的多头管理。

三　法律概念混乱

一般而言，法律的制定相对于现实总有一定的滞后性，与现实的契合度总是存在一定程度的"误差"，而南京国民政府的社团法制体系更是自始就面临社团关系异常复杂的现实状况，立法的难度较高，更加放大了这种"误差"。在国民政府之前，清末民初的各种政权在制定社团法规时，除了结社行为的一般法之外，尚未出现以一般性法律囊括所有社团的努力。南京国民政府构建具有整体意义的社团法制体系不失为一种创举，但是结社行为相对单一而社团性质极为复杂，进行统一规划的社团立法难度很大。由于社团本身的多样化，立法者对社团关系的认识能力有所欠缺，立法中很容易产生概念上的模糊和歧义，影响社团法制的实施效果。

在社团相关法规的命名上，社团法制体系中包含的概念非常繁杂，如

---

① 《中国国民党中央执行委员会训练部指令第一二二四六号》，《中央训练部公报》1931 年第 7 期，第 11 页。

对于社团的命名，前前后后在各种法律文件中用过社团、法团、公团、民众团体、人民团体等多种名称，而法律行为的命名更是五花八门，包括整理、训练、登记、指导、组织、改组等各种名称，有些概念看起来类似，内容却相差甚远；以同样命名格式发布的法规文件，有的法规是总体性规定，有的法规又是程序性规定。社团法制体系所包容的范围不可谓不广泛，内容不可谓不细致，但缺乏连贯性和系统性，显得非常零散和琐碎。

1933 年，广西天保县县长咨询广西省民政厅，请求解释该县办理社团事务时常遇到的"法团"概念为何意。"法团"是民初常用的概念，其含义大致与"法定团体"相当，但国民政府的文件中一般使用民众团体或人民团体等名称，县长认为"通常所称地方机关团体法团等名目，其中界限不无含混之处"。广西省民政厅认为难以决断，"团体与机关其界限尚易辨别，惟法团一项中央尚无明文规定。在民法总则只有法人之种类，并无法团之规定，究竟人民合组成之团体是否概可列为法团？现在本省各县地方每因选举之争执而欲取得法团地位之利益，争执不决，纠纷甚多"，遂将该问题转给了国民政府内政部。内政部认为"此案关法令解释，本部未敢臆断"，又呈请行政院转咨司法院解释。2 月 4 日行政院咨文到司法院，司法院将问题提交到统一解释法令会议，议决"法团乃指依据法律或条例并遵照民众团体组织方案而组成之团体而言"，最终回复行政院。[①] 对于一个社团法律概念的解释，从县到中央转手四道，过了几个月才得出结论，虽然从法律解释的角度而言不无严谨，但效率实在是非常低下。

四　一般法缺失

"党治"模式下，由于国民党在国家社团管理体制中居于特殊的地位，产生了一个在法理上的缺陷，即社团一般性规范的缺位，在结社权的宪法性规定和社团单行法规之间，缺少担任社团一般法角色的法律文件。《民法总则》中虽然有少量条文，但主要是原则性的规定，对于社团的法律实

---

① 《法团指依据法律并遵民众团体组织方案而组成之团体》，《法令汇刊》1933 年第 3 期，第 10～11 页。

务难以起到操作方面的指示作用。

国民党中央颁行的《人民团体组织方案》《指导人民团体改组办法》等关于社团组织和改组的法令在实践中一定程度上发挥了一般法的作用，但是这些制度和法令是党务系统内的文件，理论上仅仅在党组织内部对党部和党员具有约束力，其内容多是指示各级党部而非社团本身。这些制度办法没有通过国家立法程序，不具备法律规范的完整形式要件，虽然起着国家法律的作用，但本质上并不属于法律。对于非党员的普通民众而言，政府的法律才代表国家的公权力，党的规定在法理上对于非党员并没有强制力。相较之下，清末《结社集会律》和民初《治安警察法》虽然含有较多专制因素，一度被视为"恶法"，但至少就形式而言是完整的，南京国民政府的社团一般法则停留在党务的层面，立法层面长期缺失。

国民政府时期的社团发展历史已经表明，尽管中国的近代社团自诞生之时即带有一定程度的官方色彩，但随着社团的发展，社团必然会更加重视自身利益诉求，逐渐跳出政府预设的框架。职业团体一般以协调同业同行的共同利益为宗旨，其他各种社会团体更有各不相同的旨趣，这种多样性本身就是社团生活的一部分。社团法制体系可以通过法律规范限制那些侵害社会公共利益和他人权益的行为，从而保障各种社团的不同利益诉求在法律框架内得到实现和满足，但是国民政府却在这些各异的利益诉求之上又树立了一个至高无上的国家利益充当终极目标，并通过法律强行将社团的多样性演变为对国家效忠和贡献的单一性。这种单一性的秩序本质上是一种反社会的行为，虽然有着宏大的远景目标，但现实操作性很差，只有在类似于抗日战争这样的非常时代才有可能被暂时容忍，这也注定了国民政府社团治理的最终结局。

结　语

　　社团法制的构建和变迁既是社团治理在法律形式上的一种表现，同时也构成了社团发展过程中的一部分。国民政府时期社团的发展总体上呈现了从慢到快、从少到多、从个别到普遍的加速式趋势，而在这个总体趋势之下，随着政治环境的变迁，又在局部呈现了曲折前进甚或倒退的多样性，体现了明显的阶段特征。社团法制是社团现实关系的一种"投影"，体现了一条从扶植、培育再到规范、约束的总体发展脉络，而在总体脉络之下也有激烈的博弈乃至推倒重建，显示了正—反—合的轨迹。这种发展脉络与社团的演进以及政治形势的变化之间存在着复杂的同步性，但是始终没有摆脱工具性的范畴。在义务本位的立法模式下，社团治理的目的是实现对社团的控制，将社团的发展限制在"报效国家"的范围内，强调社团的组织和活动都要服从统治者的权威，并服务于统治者的需要，从而成为政府实现全能化的统治工具。自广州到南京，国民政府所制定的各种社团法规主旨上都是希望利用社团来保证政府的政治运作流畅运转，政府部门作为社团的管理者，其干预社团事务的权力几乎是不受限制的，并且这种不受限制的特权得到了法律手段的保证，社团法制在形式正义之下隐藏着违背法治精神的实质。

一　政府权能的扩张：社团治理的政治性功能

　　国民政府社团法制的发展与国家对社会干预范围的拓展及干预程度的提高有着较高的同步性。在中国内外交困的环境下，逐渐成熟的新型国家治理结构中催生出了具有全面社会控制趋向的政府组织，通过政府权能的扩张，进一步强化了社团法制的控制功能和意义，并且使社团法制呈现特殊的超前性。但是，社会的法治导向与政府的全面控制本质上具有矛盾性，政府试图通过社团法制体现"全能"，在实践中终归只是一种单方的愿望。

　　马克斯·韦伯在对于统治权威的诠释中描述了传统型、魅力型、法理型三种不同的权威类型，这三种类型的差异性有助于理解近代社团法制的演变和全能型政府的生长。根据韦伯的定义，"统治应该称为在可以标明的一些人当中，命令得到服从"，[①] 如果将近代社团视为韦伯所指"可以标明"的人群，则可以从社团权威的转移中观察到社团法制发展的大致脉络。

　　中国地域广大，在古代有限的技术条件下，统治权力不足以有效伸展到社会的角落。中国的传统社会是一种离散结构，长期分为官民两个相隔离的系统，仅仅通过赋税等关系有限结合，民众则分散在众多的宗族群体中，无论是涂尔干所描述的"环节社会"，还是马克思所形容的"马铃薯"，或者是孙中山所称的"一盘散沙"，似乎都可以成为传统中国民间社会的写照。国民政府发展和完善社团治理的过程，也是中国社会由离散状态加以整合的过程，政府在完善社团法制的同时，将触角伸向民间社会，通过社团为媒介动员和获取民间资源，自身则逐渐由传统的简约政府向近代的全能政府转变。

　　传统中国的治理结构是相当简约的，官府对于民间社会的干预比较有限，官民之间既有等级上的差别，更有现实生活中的鸿沟。民间社会在保证公共治安的前提下，具有一定程度的自治性，四民社会中的社团以一种自发的状态生存和发展。这种自发状态至广州国民政府时期开始被政治主导所打破，而南京国民政府的成立更是标志着一个以强大武力为后盾、以丰厚财力为基础、以强烈意识形态为主导并充斥知识精英的强势政权就此诞生，"党国"体制对于社团治理的控制力明显增强。"党国"体制是中国传统中从未有过的新型统治模式，标志着最高权力架构正式由传统帝制向现代统治集团过渡。国民党政权抱有用三民主义改造整个中国社会的雄心，国家和社会的一切都遵循党权至上的原则，纳入由训政至宪政的发展轨道内，"今者中国政府亦将膨胀其权力，举凡经济、教育、文化以及与国家福利所关之事，均有'包举宇内，囊括四海'之势"，[②] 从而呈现一

---

①　〔德〕马克斯·韦伯：《经济与社会》上册，林荣远译，商务印书馆，1997，第81页。

②　马寅初：《国际贸易何以有统制之必要》，《马寅初全集》第9卷，浙江人民出版社，1999，第266页。

种明显的全能趋向。社团作为民间势力的代表，自然成为国民政府法制干预的重点目标，在新的社团法制笼罩之下，社团虽然有限参与国家政治，却以担负繁重的国家义务为代价，并且不再有能够与国家对抗的地位，权威性已经完全由社团转向政府一侧。通过层层叠叠的法律条款和交叉覆盖的监管网络，国民政府成功地将清末民初社团所表现的"民气"压制了下去，但也就此失去了民间社会的蓬勃活力。

中国近代的立法变革从最初修正旧律开始，到系统性建设六法体系告一段落，在这个过程中如果单纯关注立法技术层面，难以发现立法主体具有专门建立社团法制体系的意图，而通过对社团法制宏观的考察，则可以发现南京国民政府时期"人民团体"框架下的一系列法律制度事实上构成了具有内在一致性的社团法制体系。社团法制从最初以单种社团为法律对象发展到对社团综合性的规制，是伴随着社团法律关系的发展而逐渐明晰和完善的，社团一方面随着社会结构的演进而变化，另一方面也随着法制的驱动而发展，在这个循环往复的过程中，调节相应社会关系的法律制度也渐次丰富。

在社会自然演进和政府行为驱动的双重影响下，近代中国的社会重心从整体的角度来看呈现阶段性的下移，由中央政府移至中层社会并进一步下移到普通民众，国家的统治框架也随之扩张。社团法制体系的发展呈现了这一趋势，从广州国民政府屈指可数的章程、办法到南京国民政府时期数以百计的法、施行细则、纲要、办法，单从法律文件的具体构成上就可以比较直观地反映出社团法制由最初的零散状态逐渐形成体系和规模的过程。同时，法制体系的变迁不仅是数量的增多，更反映了关注焦点的变化，社团法制由约束社会中层转向动员社会基层，其控制范围有明显的扩张。

近代法治主张立法、司法与行政三者分离制衡，但三者依然存在法理上的紧密联系。中国的历史传统长期以政治权力为中心，尽管在近代引入了法治的理念，但本应处于分立地位下的行政权依然体现为现实中的政治统御，法制则在政治统御之下凸显了工具性的特征。以法理而言，法制是对社会关系的体现和调节，既可以承认和保护现实，也可以否定和改变现实，因此体现为现实性和超前性的结合。而国民政府受到了外来侵略威胁和内在集权需求两方面的压迫，表现了强烈的改造现实愿望，从而将法制考虑未来的一面加以急剧放大，立法目的往往并不是按照现实的社会关系来提供相应的法律保障，而是按照立法主体的需求来预定目标，进而通过法律强行改变已有的社会现实，重新来"创造"符合预期的社会。

近代化的过程本身就是传统社会逐步解体、新型社会逐步构建的过程，这个过程必然会伴随程度不一的紊乱和失序，由于社团法制具有整合社会结构的功能，因而成为政府实现社会控制、重塑社会秩序的重要手段。当观察国民政府治下社团的具体形态和相应的法制规范时，常常会发现规范先于现实，理论先于实践的现象。社团法制的功能性一方面用来调整和控制已有的社团关系，另一方面用来改造或者创造新的社团关系。在社团及其法制二者之间，并非全然是基于社团发展壮大的现实而催生调整相应社会关系的社团法制，还常常出现社团法制先入为主的引导和催生社团的发展壮大，两者之间的交互作用，共同构成了国民政府社团法制的复杂面相。

政府权能的扩张对社团法制的需求带有强烈功利性，因此在社团法制体系的构建过程中，每逢重大的政治形势转折，纯技术性的立法理念往往必须服从政治的需要，使得法制的发展往往羁绊于执政者的意志，与国家政策的变化呈现了高度的同步色彩。然而，政策有着比较强的变动性，可以随时根据环境的变化而调整，以政治为主导必然造成法制的不稳定。

社团法制本身就是比较复杂的聚类，其调整对象并非单一的社会关系，而是错综复杂的若干种社会关系的综合。在社团法制体系中，一般法和单行法必须要彼此协调，兼顾各种利益群体，常常是牵一发而动全身。社团法制体系中的某一法规文本进行修改时，常常会影响到另一些法规的效力，甚至会决定其存废。为了使社团法体系具备内在的结构稳定性，需要及时进行法的修改和补充，才能保证体系内部各项法规能够协调一致地发挥作用。

在法制服务于政治的治理结构下，社团政策的变动常常影响相应社团法规的文本，从而频繁触发连锁式的修正过程。南京国民政府的社团法制体系代表了近代社团立法的最高水平，而因政治主导所产生的法制不稳定性也是最为突出的。在国民政府的二十多年统治期下，每一部社团法规的文本自颁行后几乎都做过两次以上的修正，并且多次在寥寥数日甚至是一日之内密集修正或出台多个社团法律文件。这种频繁的动作固然具有查漏补缺的积极意义，但同时也造成了社团法规的概念混乱和实施中的效率不佳。由于社团法规变更过密，新订、废止、修正常常是齐头并进、党政齐发，又没有统一的规范文本，而是散布在政府颁行的法令和各种党的文件中，即便有一些专供民众训练工作使用的汇编版本，也常常不能及时跟上变更的节奏。面对这样的法制体系，对于负责直接操作的地方党部和政府显然会比较为难。尤其是承担大量社团事务的地方党部，其组织力量薄弱，不太可能安排专人来对社团各种法规文件进行整理和掌握，在实际操作中很容易产生疏漏。

南京国民政府时期是近代社团法制体系的相对成熟阶段，其文本内容是非常丰富的，这也与国民政府法制发展的总体水平相符，"凡国家一切法律政令莫不集古今中外之大成，真所谓众美兼收，万善咸备，无所不尽其极矣"，然而这样集大成的"众美兼收"之法并不能带来理想的法治状态。国民党对于这个问题给出的答案是"违法背令之军阀官僚害之也"，[①]恐怕这并不是关键所在。

二　法制形式与法治精神：社团法制的义务本位

公民权利、义务等法律概念是源自西方的舶来品，这种移植与中国传统的政治文化显然是不兼容的。在历史悠久的专制传统下，中国人被熏陶出了强烈的臣民意识，对于权利的行使淡漠和麻木，对于权利的丧失也无动于衷。在近代社会的转型过程中，全能型政府通过社团法制强化民众的组织性，客观上对于培育民众的权利意识具有积极意义，也有利于近代化过程中传统社会组织的重新整合，但是政府行为应以发展民众的权利为目的，才能使社团成长为民众主张权利的平台，而不是演变成对民众自由加以拘束的工具。如果仅仅把社团当作民众向国家履行义务的组织手段，那么显然失去了社团法制应有的近代性意义，从这个角度来说，应该"依法

---

① 《五届中央执行委员会第八次全体会议通过重要决议案》，中国第二历史档案馆编《中华民国史档案资料汇编》第5辑第2编"政治"1，江苏古籍出版社，1998，第522页。

律限制之"的并不是民众的结社行为，而是政府对待结社行为的态度。

　　"法治国"是近代国人对西方文明总体印象中的重要构成部分，理想的"法治"状态可以实现权利义务间的适当平衡，完善法制进而实现"法治"是先驱者们孜孜不倦、前仆后继的追求。近代中国缓慢地从传统专制国向近代法治国过渡，在此过程中社团法制建设取得了历史性的进步，而伴随着这种进步的，则是贯穿于整个近代历程中的内外交困，导致法制建设长期缺乏良好的社会环境。在悠久的专制集权历史影响下，国民政府的社团法制在权利义务平衡性方面始终没有找到准确的定位，义务本位依然是法制中的主导思维方式，近代化的过程虽然对这种思维方式产生了冲击，但并没有能从根本上加以改变。

　　近代社团从获得法律承认时起，就开始具有一定程度的半官方色彩，在社会领域内可以扮演政府代理人的角色，协助政府处理部分公共事务，并且可以通过政府的授权，代替其处理本应由政府负责的某些棘手问题。由于社团在维护公共秩序方面具备特殊作用，政府常常会视其为民意代表，赋予其一定的参政权。但是，社团所享有的权利与其所负担的义务极不匹配。

　　近代法的理论中，根据结社是否需要事先登记核准将相关社团法规大致分为追惩制和预防制两种，追惩制是仅对违法结社行为进行事后追究，而预防制则是对所有结社行为采取事前核准。[1] 一般认为，法制水平较高的国家较多采取追惩制，而在国民政府的立法实践中，自国民革命时期的社团法规开始就对结社行为采取了预防制，规定社团必须经过官方核准方能设立，自社团成立伊始就予以戒备。1929 年国民政府颁行《民法总则》后，立法院民法专家傅秉常对总则进行了解释，认为法人社团必须经过许可和登记，其目的就是"以资取缔而重公益"。[2]

　　尽管自民国初年就已经有了"结社自由，载在约法"的概念，但在义务本位的主导下，结社自由权始终停留在对"法统"或"党统"的点缀水平之上。无论在法律文本中如何描述对结社权利的保障，如果权利受到

　　① 王世杰、钱端升：《比较宪法》，商务印书馆，2009，第 123 页。
　　② 傅秉常：《新民法与社会本位》，《中华法学杂志》1930 年第 1 卷第 2 期，第 3 页。

侵害时不能获得法律救济，那么其条款只能成为具文，而约法、宪法中的结社权从一开始就附带限制性条款，却从来没有如同限制性条款那样周密的权利救济。无论是对结社权可以"依法律限制之"，还是除了妨害公益等情形外"不得以法律限制之"，结社权的限制条款始终是通过法制的形式来固化那些违反结社自由精神的实质内容。

在结社权发育不完全的条件下，国民政府治下的社团被赋予了强烈的官方色彩，需要对各种不同层级的国家公权力机构承担不同的法律义务，并被限制在国家主导下的秩序框架之中，其受限程度随着政府权能的扩张而愈加严密。从政府的角度而言，社团的存在价值在于辅助政府，而社团法制的存在价值在于避免社团的失控，延续着大一统思维的中央政权自居于社会保护者和领导者的地位，尽可能将社团组织的一切要素都纳入其管理范畴之内。

20 世纪初，西方国家的法制理念出现了从权利本位向社会本位的过渡趋势，由保护个人的放任自由转向强调社会利益的公共性，试图调节以往权利本位法制下个人自由的滥用，特别是发生在二三十年代的世界经济大危机，对于如何重新调整国家与社会关系、加大政府对社会经济生活的干预力度提出了新的要求。南京国民政府时代的社团法制此时尚未摆脱传统义务本位模式的束缚，却因历史的偶然性，在形式上取得了与西方社会本位法的一致。国民政府通过人民团体的组织理论，试图将各种社团全面纳入国家控制体系中，强调社团对于国家和民族的贡献，并逐渐走上统制道路。在战争的阴影下，国民政府对社团的控制性具有凝聚社会力量进而提升国家实力和地位的积极意义，但同时也具有较多消极因素。在政府对人民团体的种种"指导""整理""改组"之下，中国的社团从社会结构的组成细胞变成了国民政府各级党政机关的附属机构，而近代基于个人意愿的结社自由也变成了基于国家意志的强制入会，在政权的威力下公民选择性的权利逐步变成了必然性的义务。

托克维尔曾对法国大革命期间政府对于社团的态度做了这样的描述："想不靠政府帮助便自行成立的最小的独立团体也使它畏惧；最小的自由结社，不论目标如何，均使政府不快；它只让那些由它一手组成并由它主持的社团存在。大工业公司也不大遂它的心愿；总之，它不愿让公民以任何方式干预对他们自身事务的考察；它宁愿贫乏，也不要竞争。"① 与法国大革命时期社团的情形相类似，中国近代的每一次革命背后似乎也都有着社团的身影，也许这也是国民党要通过法制手段对社团严密约束的一种解释。国民政府在社会本位的旗号下推动社团的组织和训练，"一个主义、一个政党、一个领袖"的口号却又指明了社团义务本位的实质，不允许社团有主流思想以外的自主行动。社团法制在动员民力对抗外敌的同时，又隐约地为"大一统"的政治血脉续命。西方法从个人本位向社会本位前进，是一种根本观念上的演进，而这种演进在中国社团法制中的移植成了从家族义务本位到国家义务本位的本土化循环。

历史常常会跨越时间和空间的限制而再现，《圣经》中有这样脍炙人口的名句："已有的事，后必再有；已行的事，后必再行。日光之下，并无新事。"② 从法制史学的角度来看，"日光之下，并无新事"可能更会使人产生别样的感悟，虽然世界的变化日新月异，但时代潮流掩盖下的人性与过去的历史阶段相比，其间的差距并非遥不可及。我们常会看到，今人在困惑中苦思解决问题的方法，而前人已经给出了解答的提示。实证性的史学比较注重还原历史的原貌，在史实的基础之上，南京国民政府时期社团治理的经验教训依然可以为当下的现实提供借鉴。

---

① 托克维尔著，冯棠译，桂裕芳，张芝联校《旧制度与大革命》，商务印书馆，2013，第105页。
② 《旧约－传道书》第1章9节，转引自马佳编著《圣经典故》，学林出版社，2012，第216页。

参考文献

档案史料

天津商会档案，全宗号 401206800 - J0128，天津市档案馆藏档。

上海商业储蓄银行汉口分行档案，全宗号 61，武汉市档案馆藏档。

工商部编印《工商会议报告录》，1913。

商务印书馆编译处编《中华民国法令大全》，商务印书馆，1915。

商务印书馆编译处编《中华民国法令大全补编》，商务印书馆，1917。

上海法政学社编译部编《现行法令全书》，上海法政学社，1924。

中国国民党中央执行委员会编印《中国国民党第一次全国代表大会宣言及决议案》，1924。

国民革命军总司令部政治部编印《中国国民党中央执行委员各省区代表联席会议宣言及决议案》，1927。

国民党中央民众训练委员会编印《民众团体整理委员会规程汇刊》，1928。

王均安编《商会法、工商同业公会法释义》，世界书局，1929。

朱方、吴瑞书编著《工商法律大全集详解》，政法学社，1930。

中国国民党中央执行委员会训练部编印《民众训练方案法规汇编》，1931。

郭卫主编《六法全书》，会文堂新书记局，1931。

上海法学编译社编印《中华民国国民政府地方自治法规汇编》，1931。

司法院参事处编《司法院解释汇编》第 2 册，京华印书馆，1932。

俞钟骆、吴学鹏编《国民政府统一解释法令汇编》，上海律师公会，1932。

立法院编译处编印《中华民国法规汇编》，1933。

王云五主编《中华民国现行法规大全》，商务印书馆，1933。

俞钟骆、吴学鹏编《国民政府统一解释法令续编》第 2 集，上海律师公会，1934。

中国国民党中央民众运动指导委员会编印《民众运动法规方案汇编》，1935。

中国史学会主编《中国近代史资料丛刊·戊戌变法》，上海人民出版社，1957。

赵尔巽等撰《清史稿》，中华书局，1976。

故宫博物院明清档案部编《清末筹备立宪档案史料》，中华书局，1979。

上海社会科学院历史研究所编《五四运动在上海史料选辑》，上海人民出版社，1980。

中国人民大学法律系法制史教研室编印《中国近代法制史资料选编》，1980。

秦孝仪主编《革命文献》第96、97辑，台北中央文物供应社，1983。

中华全国总工会中国工人运动史研究室编《中国工会历次代表大会文献》，工人出版社，1984。

《清实录》，中华书局，1985。

西北政法学院法制史教研室编印《中国近代法制史资料选辑1840～1949》，1985。

荣孟源主编，孙彩霞编辑《中国国民党历次代表大会及中央全会资料》，光明日报出版社，1985。

中国第二历史档案馆编《中国国民党第一、二次全国代表大会会议史料》，江苏古籍出版社，1986。

姚雨芗纂《大清律例会通新纂》，《近代中国史料丛刊》第3编第22辑，文海出版社，1987，第1883页。

中国第二历史档案馆编《中华民国金融法规选编》，档案出版社，1990。

中国第二历史档案馆编《中华民国商业档案资料汇编》，中国商业出版社，1991。

托津等纂《钦定大清会典事例》嘉庆朝第617卷，《近代中国史料丛刊》第3编第69辑，文海出版社，1992。

马建石、杨育棠主编，吕立人等编撰《大清律例通考校注》，中国政法大学出版社，1992。

中国第二历史档案馆编《国民党政府政治制度档案史料选编》，安徽教育出版社，1994。

　　天津市档案馆等编《天津商会档案汇编（1903～1911）》，天津人民出版社，1989。

　　天津市档案馆等编《天津商会档案汇编（1912～1928）》第1册，天津人民出版社，1992。

　　天津市档案馆等编《天津商会档案汇编（1928～1937）》，天津人民出版社，1996。

　　中国第二历史档案馆编《中华民国史档案资料汇编》第5辑第1编"政治"，江苏古籍出版社，1994。

　　中国第二历史档案馆编《中华民国史档案资料汇编》第5辑第2编"政治"，江苏古籍出版社，1998。

　　彭泽益主编《中国工商行会史料集》，中华书局，1995。

　　陈瑞芳、王会娟编辑《北洋军阀史料·袁世凯卷》，天津古籍出版社，1996。

　　中共中央党史研究室第一研究部编《联共（布）共产国际与中国国民革命运动（1917～1925）》，北京图书馆出版社，1997。

　　蔡鸿源主编《民国法规集成》，黄山书社，1999。

　　中国第二历史档案馆编《中国国民党中央执行委员会常务委员会会议录》，广西师范大学出版社，2000。

　　上海市工商业联合会、复旦大学历史系编《上海总商会组织史资料汇编》，上海古籍出版社，2004。

　　夏新华、胡旭晟等整理《近代中国宪政历程：史料荟萃》，中国政法大学出版社，2004。

　　清宪政编查馆编《清末民初宪政史料集刊》，北京图书馆出版社，2006。

　　上海市工商业联合会编《上海总商会议事录》，上海古籍出版社，2006。

　　陈元晖主编《中国近代教育史资料汇编》，上海教育出版社，2007。

　　上海商务印书馆编译所编纂《大清新法令：1901～1911》，商务印书馆，2010。

　　中国社会科学院近代史研究所《近代史资料》编译室主编《五四爱国运动》，知识产权出版社，2013。

报纸期刊

《政治官报》《北洋政府公报》《国民政府公报》《立法院公报》《立法专刊》《行政院公报》《内政公报》《教育部公报》《中央党务公报》《中央党务月刊》《中央训练部公报》《江西省政府公报》《福建党务半月刊》《申报》《东方杂志》《顺天时报》《晨报》《广州民国日报》《政治周报》《新闻报》《民国日报》（上海）《中华全国商会联合会会报》《银行周报》《中央周报》《中央日报》《国闻周报》《工商法规》《新青年》《现代评论》《法令周刊》《中华法学杂志》。

专著文集

张玉法：《清季的立宪团体》，台湾中研院近代史研究所，1971。

张玉法：《清季的革命团体》，台湾中研院近代史研究所，1975。

郭廷以编著《中华民国史事日志》，台湾中研院近代史研究所，1979。

蔡少卿：《中国近代会党史研究》，中华书局，1987。

戴季陶著，唐文权、桑兵编《戴季陶集》，华中师范大学出版社，1990。

朱英：《辛亥革命时期新式商人社团研究》，中国人民大学出版社，1991。

徐鼎新、钱小明：《上海总商会史：1902~1929》，上海社会科学院出版社，1991。

朱英：《中国早期资产阶级概论》，河南大学出版社，1992。

张光宇主编《中国社团党派辞典》，陕西人民出版社，1992。

中国社团研究会：《中国社会团体研究》，中国社会出版社，1992。

张静如、卞杏英主编《国民政府统治时期中国社会之变迁》，中国人民大学出版社，1993。

虞和平：《商会与中国早期现代化》，上海人民出版社，1993。

马敏、朱英：《传统与近代的二重变奏——晚清苏州商会个案研究》，巴蜀书社，1993。

唐力行：《商人与中国近世社会》，浙江人民出版社，1993。

陈立夫：《成败之鉴——陈立夫回忆录》，台湾正中书局，1994。

马敏：《官商之间：社会剧变中的近代绅商》，天津人民出版社，1995。

桑兵：《清末新知识界的社团与活动》，三联书店，1995。

桑兵：《晚清学堂学生与社会变迁》，学林出版社，1995。

谢振民著，张知本校订《中华民国立法史》，民国丛书，上海书店，1996。

张晋藩主编《中国法律的传统与现代化》，中国民主与法制出版社，1996。

陈宝良：《中国的社与会》，浙江人民出版社，1996。

朱英：《转型时期的社会与国家——以近代中国商会为主体的历史透视》，华中师范大学出版社，1997。

马克斯·韦伯著《经济与社会》，林荣远译，商务印书馆，1997。

陈金罗：《社团立法和社团管理》，法律出版社，1997。

张静：《法团主义》，中国社会科学出版社，1998。

《马寅初全集》，浙江人民出版社，1999。

张晋藩主编《中国百年法制大事纵览》，法律出版社，1999。

何增科：《公民社会与第三部门》，社会科学文献出版社，2000。

朱英：《近代中国商人与社会》，湖北教育出版社，2001。

中国社团研究会主编《中国社团发展史》，当代中国出版社，2001。

马小泉：《国家与社会：清末地方自治与宪政改革》，河南大学出版社，2001。

王名、刘国翰、何建宇：《中国社团改革：从政府选择到社会选择》，社会科学文献出版社，2001。

彭南生：《行会制度的近代命运》，人民出版社，2002。

朱勇：《中国法律的艰辛历程》，黑龙江人民出版社，2002。

郭建民、尹小满主编《中国政党·中国社团概论》，华文出版社，2002。

刘明逵、唐玉良等编《中国近代工人阶级和工人运动》，中共中央党校出版社，2002。

张德美：《探索与抉择：晚清法律移植研究》，清华大学出版社，2003。

〔日〕小滨正子著《近代上海的公共性与国家》，葛涛译，古籍出版社，2003。

毕监武：《社团革命：中国社团发展的经济学分析》，山东人民出版社，2003。

吴玉章主编《社会团体的法律问题》，社会科学文献出版社，2004。

朱英主编《中国近代同业公会与当代行业协会》，中国人民大学出版社，2004。

李学智：《民国初年的法治思潮与法制建设：以国会立法活动为中心的研究》，中国社会科学出版社，2004。

蔡勤禹：《民间组织与灾荒救济——民国华洋义赈会研究》，商务印书馆，2005。

吴经熊：《法律哲学研究》，清华大学出版社，2005。

赵金康：《南京国民政府法制理论设计及其运作》，人民出版社，2006。

朱英、郑成林主编《商会与近代中国》，华中师范大学出版社，2007。

龚咏梅：《社团与政府的关系：苏州个案研究》，社会科学文献出版社，2007。

〔美〕莱斯特·M. 萨拉蒙等著《全球公民社会：非营利部门视界》，贾西津、魏玉等译，社会科学文献出版社，2007。

王奎：《清末商部研究》，人民出版社，2008。

邓正来：《国家与社会：中国市民社会研究》，北京大学出版社，2008。

俞江：《近代中国的法律与学术》，北京大学出版社，2008。

王宠惠著、张仁善编《王宠惠法学文集》，法律出版社，2008。

魏文享：《国民党、农民与农会：近代中国农会组织研究（1924～1949)》，中国社会科学出版社，2009。

朱英、魏文享主编《近代中国自由职业者群体与社会变迁》，北京大学出版社，2009。

刘小妹：《中国近代宪政理论的特质研究》，知识产权出版社，2009。

王奇生：《党员、党权与党争：1924～1949 年中国国民党的组织形态》，华文出版社，2010。

郭剑平：《社团组织与法律秩序研究》，法律出版社，2010。

周叶中、江国华主编《从工具选择到价值认同：民国立宪评论》，武汉大学出版社，2010。

欧阳恩良主编《近代中国社会流动和社会控制》，社会科学文献出版社，2010。

王建学编《近代中国地方自治法重述》，法律出版社，2011。

中国社科院近代史所等编《孙中山全集》第7、9、11卷，中华书局，2011。

孙慧敏：《制度移植：民初上海的中国律师（1912～1937）》，台湾中研院近代史研究所，2012。

蔡鸿源、徐友春主编《民国会社党派大辞典》，黄山书社，2012。

钱穆：《中国历史研究法》，生活·读书·新知三联书店，2013。

迟云飞：《清末预备立宪研究》，中国社会科学出版社，2013。

《邓中夏全集》，人民出版社，2014。

李娟婷：《商会与商业行政：北洋政府时期的政商关系（1912～1927）》，经济管理出版社，2015。

学位论文

申晓勇：《结社集会律与晚清社会》，硕士学位论文，华中师范大学，2002。

郑成林：《从双向桥梁到多边网络－上海银行公会与银行业（1918～1936）》，博士学位论文，华中师范大学，2003。

王晶：《上海银行公会研究（1927～1937）》，博士学位论文，复旦大学，2003。

白华山：《工商界·市政府·市党部－上海地方治理中三者关系的综合考察（1927～1937）》，博士学位论文，复旦大学，2003。

赵杨：《中国近代法制转型中的法律移植》，硕士学位论文，黑龙江大学，2004。

张天政：《上海银行公会研究（1937～1945）》，博士学位论文，复旦大学，2004。

魏文享：《民国时期的工商同业公会研究（1918～1949）》，博士学位论文，华中师范大学，2004。

王仲：《强势国家与民间社团之命运》，博士学位论文，苏州大学，2004。

王红梅：《中国近代商会法律制度研究》，硕士学位论文，华东政法学院，2004。

田湘波：《中国国民党党政体制剖析 1927～1937》，博士学位论文，湖南师范大学，2004。

　　邹晓升：《上海钱业公会研究（1917～1937）》，博士学位论文，复旦大学，2006。

　　孙广勇：《社会变迁中的中国近代教育会研究》，博士学位论文，华中师范大学，2006。

　　李严成：《民国律师公会研究（1912～1936）》，博士学位论文，华中师范大学，2006。

　　卞琳：《南京国民政府训政前期立法体制研究（1928～1937）》，博士学位论文，华东政法学院，2006。

　　魏静：《商会法律制度研究》，博士学位论文，西南政法大学，2007。

　　尹倩：《民国时期的医师群体研究（1912～1937）——以上海为中心》，博士学位论文，华中师范大学，2008。

　　冯静：《中间团体在现代国家形成中的政治功能研究》，博士学位论文，复旦大学，2008。

　　王勤：《清末以来中国农民组织的立法研究》，博士学位论文，华中师范大学，2009。

　　盖威：《市民社会视角的中国社团立法研究》，博士学位论文，复旦大学，2010。

　　孙岩：《南京国民政府时期地方党政关系研究》，博士学位论文，南京大学，2011。

　　柳飒：《近代中国公民基本权利变迁研究》，博士学位论文，武汉大学，2011。

　　卜志勇：《近代中国社会团体法律制度研究》，博士学位论文，中国政法大学，2011。

　　张玉双：《国民党中央民众训练机构研究（1927～1938）》，博士学位论文，吉林大学，2012。

　　徐晓飞：《国民党的民众动员政策及其转变（1924～1927）》，博士学位论文，吉林大学，2012。

　　刘承涛：《近代中国商会理案制度研究》，博士学位论文，华东政法大学，2012。

官炳成：《南京国民政府社团政策与民众运动控制（1927～1937）》，博士学位论文，吉林大学，2012。

杜筠翊：《结社自由的法律规制》，博士学位论文，复旦大学，2012。

李姣：《中国近代商会立法与商会治理》，硕士学位论文，华中师范大学，2013。

陈志波：《南京国民政府社团法制研究》，博士学位论文，苏州大学，2014。

孙岩：《变迁中的均衡——民国上海同业公会业规研究》，博士学位论文，上海社会科学院，2016。

期刊论文

阿兰·沃森、贺卫方：《法律移植论》，《比较法研究》1989年第1期。

张莲波：《二十世纪初的妇女团体》，《史学月刊》1991年第2期。

张亦工：《商民协会初探》，《历史研究》1992年第3期。

高其才：《论中国行会习惯法的产生、发展及特点》，《法律科学（西北政法学院学报》1993年第6期。

范忠信：《一元法之困境与二元法体制重建》，《南京社会科学》1993年第1期。

张希坡：《中国最早的工会法考辨》，《法学研究》1994年第6期。

王先明：《绅士阶层与近代社团》，《天津社会科学》1994年第4期。

王伟：《论戊戌维新时期的学会组织》，《阜阳师范学院学报（社会科学版）》1997年第4期。

信春鹰、张烨：《全球化结社革命与社团立法》，《法学研究》1998年第3期。

朱英：《20世纪中国民间社团发展演变的历史轨迹》，《华中理工大学学报（社会科学版）》1999年第4期。

吴慧：《会馆、公所、行会：清代商人组织演变述要》，《中国经济史研究》1999年第3期。

王杨：《南京国民政府对西方社会本位民事立法思想的继承与改造》，

《中外法学》1999 年第 2 期。

麻国庆：《拟制的家与社会结合——中国传统社会的宗族、行会与秘密结社》，《广西民族学院学报（哲学社会科学版）》1999 年第 2 期。

黄南珊：《传统大一统思想、权力意识对现代中国统制经济体制的影响》，《中州学刊》2000 年第 1 期。

方美玲：《中华民国社团的基本特征》，《北京教育学院学报》2000 年第 3 期。

春杨：《略评胡汉民之立法主持活动》，《法学评论》2000 年第 6 期。

张静：《"法团主义"模式下的工会角色》，《工会理论与实践》2001 年第 1 期。

吴景平：《从银行立法看 30 年代国民政府与沪银行业关系》，《史学月刊》2001 年第 2 期。

王奇生：《党政关系：国民党党治在地方层级的运作（1927～1937）》，《中国社会科学》2001 年第 3 期。

宋钻友：《从会馆、公所到同业公会的制度变迁——兼论政府与同业组织现代化的关系》，《档案与史学》2001 年第 3 期。

范忠信：《"中西会通"与中国法制现代化中的仿行西法偏好》，《学习与探索》2001 年第 6 期。

郑成林：《1930 年全国工商会议述略》，《近代史学刊》2001 年。

魏文享：《近代工商同业公会的社会功能分析（1918～1937）——以上海、苏州为例》，《近代史学刊》2001 年。

蒋伟新、汤可可：《推挽结构：近代地方商会与政府的关系——以无锡为例》，《近代史学刊》2001 年。

范忠信：《宗法社会组织与中华法律传统的特征》，《中西法律传统》2001 年。

赵金康：《胡汉民立法思想述论》，《史学月刊》2002 年第 12 期。

吴玉章：《社团与法律》，《环球法律评论》2002 年第 2 期。

史探径：《中国工会的历史、现状及有关问题探讨》，《环球法律评论》2002 年第 2 期。

高旭晨：《中国商会制度的创立》，《环球法律评论》2002 年第 2 期。

赵利栋：《党、政府与民众团体——以上海市商民协会与上海总商会为中心》，中华民国史（1912～1949）国际学术讨论会，北京：2002年。

张志东：《国家社团主义视野下的制度选择——1928～1931年的国民党政府、商会与商民协会，天津的个案研究》，"国家、地方、民众的互动与社会变迁"国际学术研讨会暨第九届中史年会，上海：2002年。

纪亚光：《论国民政府时期的社团管制》，中国现代社会转型问题学术讨论会，上海：2002年。

郑成林：《1927～1936年国民政府与商会关系述论》，《近代史研究》2003年第3期。

章清：《省界、业界与阶级：近代中国集团力量的兴起及其难局》，《中国社会科学》2003年第2期。

姚纯安：《清末群学辨证——以康有为、梁启超、严复为中心》，《历史研究》2003年第5期。

封丽霞：《偶然还是必然：中国近现代选择与继受大陆法系法典化模式原因分析》，《金陵法律评论》2003年第1期。

范忠信、叶峰：《中国法律近代化与大陆法系的影响》，《河南省政法管理干部学院学报》2003年第1期。

陈斯喜、吴国舫：《我国社团立法的现状与展望》，《行政法学研究》2003年第4期。

王立民：《二十世纪初中国法学转型的两点思考》，上海市社会科学界2003年度学术年会，上海：2003年。

朱英：《近代中国同业公会的传统特色》，《华中师范大学学报（人文社会科学版）》2004年第3期。

朱英：《国民党推行商民运动的方略》，《江汉论坛》2004年第7期。

朱英、魏文享：《行业习惯与国家法令——以1930年行规讨论案为中心的分析》，《历史研究》2004年第6期。

郑素一：《胡汉民的立法思想与立法实践》，《史学集刊》2004年第4期。

张晋藩：《综论中国法制的近代化》，《政法论坛》2004年第1期。

杨焕鹏：《国民政府时期国家对人民团体的管制——以浙江省为中

心》，《东方论坛》2004 年第 5 期。

魏文享：《制约、授权与规范——试论南京国民政府时期对同业公会的管理》，《华中师范大学学报（人文社会科学版）》2004 年第 4 期。

魏文享：《近代工商同业公会的政治参与（1927～1947）》，《开放时代》2004 年第 5 期。

韩秀桃：《民国时期法律家群体的历史影响》，《榆林学院学报》2004 年第 2 期。

张晓辉：《广东商会与近代区域社会变革》，《暨南史学》2004 年。

朱英：《商民运动与中国近代史研究》，《天津社会科学》2005 年第 4 期。

郑成林：《1927～1936 年上海银行公会与国民政府关系述论》，《江苏社会科学》2005 年第 3 期。

魏文享：《试论南京国民政府时期湖北省的农会组织》，《湖北师范学院学报（哲学社会科学版）》2005 年第 6 期。

魏文享：《近代官民对工商同业公会的认知》，《江西社会科学》2005 年第 10 期。

赵金康：《试论 1927～1937 年南京国民政府的立法体制》，《河南大学学报（社会科学版）》2006 年第 4 期。

张连国：《20 世纪 30 年代中国统制经济思潮与自由主义者的反应》，《历史教学》2006 年第 2 期。

俞可平：《中国公民社会：概念、分类与制度环境》，《中国社会科学》2006 年第 1 期。

田湘波、叶利军：《中国国民党与民众团体关系之研究（1927～1937）》，《株洲师范高等专科学校学报》2006 年第 4 期。

朱英：《近代中国自由职业者群体研究的几个问题——侧重于律师、医师、会计师的论述》，《华中师范大学学报（人文社会科学版）》2007 年第 4 期。

信春鹰：《法律移植的理论与实践》，《北方法学》2007 年第 3 期。

王雪梅：《从清代行会到民国同业公会行规的变化：以习惯法的视角》，《历史教学（高校版）》2007 年第 5 期。

王红梅：《近代商会法律制度与中国法制近代化》，《社会科学辑刊》

2007 年第 1 期。

李勇军：《南京政府时期独立工业团体的兴起》，《浙江学刊》2007 年第 4 期。

耿向东、顾新荣：《新政时期清政府文化社团政策的调整》，《社会科学辑刊》2007 年第 5 期。

魏文享：《近百年来农会组织的发展道路及其研究述评》，《近代史学刊》2007 年。

邹晓升：《压力集团的抗衡：1931 年上海钱业公会请求另订〈钱庄法〉之争》，《社会科学研究》2008 年第 4 期。

魏文享：《农会组织与国民党党农关系的重建（1927～1949）》，《江汉论坛》2008 年第 6 期。

李严成：《国家与社会视野下的民国律师公会》，《湖北大学学报（哲学社会科学版）》2008 年第 5 期。

荆世杰：《民国时期农会的历史考察——以 1927 年～1949 年的国民党农运为中心》，《辽宁大学学报（哲学社会科学版）》2008 年第 1 期。

陈志波：《晚清民初社团立法的演进探略》，《绵阳师范学院学报》2008 年第 3 期。

常健：《清末民初商会裁判制度：法律形成与特点解析》，《华东政法大学学报》2008 年第 5 期。

朱英：《北伐之前商民运动在广东的发端》，《学术研究》2009 年第 5 期。

周执前：《国家与社会：清代行会法的产生与效力——以苏州为中心的考察》，《苏州大学学报（哲学社会科学版）》2009 年第 2 期。

秦宝琦：《清律中有关惩处秘密会党的条款及其演变》，《历史档案》2009 年第 1 期。

张强：《民国时期我国金融同业组织的合法性探析——以上海银行公会为例》，《社会科学家》2009 年第 9 期。

徐秀丽：《中国传统社会的社团及其与现代社团的区别》，《文史哲》2009 年第 2 期。

徐秀丽：《南京国民政府时期的政治国家与民间组织》，《绍兴文理学院学报（哲学社会科学版）》2009 年第 5 期。

唐鸣、王勤：《清末民初农民社团组织立法述论》，《江汉论坛》2009
年第 8 期。

侯宜杰：《清末的言论结社集会自由》，《史学集刊》2009 年第 5 期。

龚汝富：《民国时期监督慈善团体立法及其启示》，《法商研究》2009
年第 5 期。

陈志波、闭雄壮：《比较视野中的近代中国民间社团立法》，《河池学
院学报》2009 年第 6 期。

朱英：《商民运动期间国民党对待商会政策的发展变化》，《江苏社会
科学》2010 年第 1 期。

朱英：《论 1928 年上海地区的商会存废之争》，《史林》2010 年第
3 期。

朱英：《国民党"三大"前后的商会存废之争与商民协会的解散》，
《华中师范大学学报（人文社会科学版）》2010 年第 5 期。

周晓焱、张建华：《1920～1940 年代南京国民政府的工会立法研究》，
《西南政法大学学报》2010 年第 2 期。

齐春风：《党政商在民众运动中的博弈——以 1928～1929 年的北平为
中心》，《近代史研究》2010 年第 4 期。

李文军：《社会本位：理想还是现实？——对民国时期社会本位立法
的再评价》，《华东政法大学学报》2010 年第 1 期。

陈志波：《清末民国社团立法比较研究及启示》，《广西社会科学》
2010 年第 12 期。

周晓焱、李精华：《南京国民政府的农会立法研究》，《西北农林科技
大学学报（社会科学版）》2011 年第 1 期。

吴琦：《明清社会群体的新趋向》，《华中师范大学学报（人文社会科
学版）》2011 年第 2 期。

魏文享：《职业团体与职业代表制下的"民意"——以 1931 年国民会
议为中心》，《近代史研究》2011 年第 3 期。

谈萧：《商会法变迁中的治理秩序》，《商业研究》2011 年第 4 期。

陈志波：《国家与社会关系视野下的南京国民政府社团立法》，《广西

社会科学》2011 年第 3 期。

朱英：《"革命"与"反革命"：1920 年代中国商会存废纷争》，《河南大学学报（社会科学版）》2012 年第 5 期。

衷海燕、唐元平：《近代中国农会立法之演进及其乡村治理之价值判断》，《南京农业大学学报（社会科学版）》2012 年第 3 期。

严海建：《南京建政初期国民党青年运动政策研究》，《南京大学学报（哲学·人文科学·社会科学版）》2012 年第 1 期。

徐秀丽：《中国国民党党团述论（1924~1949）》，《历史研究》2012 年第 1 期。

王静：《中国近代商会法的演进与影响》，《天津社会科学》2012 年第 5 期。

孙岩：《南京国民政府时期江苏民众团体政治参与特点的历史考察》，《通化师范学院学报》2012 年第 5 期。

柳飒：《权力模式与权利保障——以近代结社自由为视角》，《湖南科技大学学报（社会科学版）》2012 年第 1 期。

刘会军、张玉双：《北伐前后国民党对民众运动态度的转变》，《长春大学学报》2012 年第 7 期。

衡芳珍：《南京国民政府〈工会法〉述论》，《河南理工大学学报（社会科学版）》2012 年第 3 期。

衡芳珍：《劳资协调下的南京国民政府〈劳资争议处理法〉》，《天中学刊》2012 年第 5 期。

官炳成：《试论南京国民政府对民众运动的控制》，《北华大学学报（社会科学版）》2012 年第 3 期。

官炳成、刘会军：《大历史视野下南京国民政府对民众的控制》，《兰州大学学报（社会科学版）》2012 年第 3 期。

邓正来、丁轶：《监护型控制逻辑下的有效治理——对近三十年国家社团管理政策演变的考察》，《学术界》2012 年第 3 期。

张芳霖、李大鹏：《政府、商会、同业公会关系研究——以 1906~1937 年江西南昌为例》，《江西社会科学》2013 年第 1 期。

赖伟：《南京国民政府的立法活动与社会法学思潮：以吴经熊为中心

的考察》，《中山大学研究生学刊（社会科学版）》2013 年第 1 期。

徐骏：《南京国民政府立法院的精英性及民主转型——以立法委员为中心的考察》，《暨南学报（哲学社会科学版）》2013 年第 11 期。

谈萧：《政商新统：近代中国商会法的实践意蕴》，《云南社会科学》2013 年第 3 期。

李严成：《论民国律师公会的公法人性质》，《湖北大学学报（哲学社会科学版）》2013 年第 4 期。

丁芮：《北洋政府时期北京警察对结社集会的管控》，《兰台世界》2013 年第 18 期。

朱英：《二十世纪二十年代商会法的修订及其影响》，《历史研究》2014 年第 2 期。

朱英：《1920 年代的戴季陶与商会》，《学术月刊》2014 年第 4 期。

许冠亭：《党治体制下的社团冲突与社团管理——以 1934 年苏州弹词男女拼档纠纷案为例》，《近代史研究》2014 年第 3 期。

魏文享：《"党规"与"国法"：国民党民众组训体系中的社团制度分析》，《华中师范大学学报（人文社会科学版）》2014 年第 2 期。

乔兆红：《从"民众运动"到"运动民众"——以商民运动为透视点》，《社会科学》2014 年第 7 期。

聂鑫：《国民政府时期立法院的地位与权限》，《历史研究》2014 年第 6 期。

兰图、栾雪飞：《近代中国社团立法的演进及启示》，《学术交流》2014 年第 7 期。

官炳成：《南京国民政府社团政策述论》，《长春师范大学学报》2014 年第 7 期。

蔡勤禹、孔祥成：《近代民间组织兴起及与政府关系述论》，《南京社会科学》2014 年第 5 期。

李文军：《近代中国国民党群体本位法律思想简论——兼与西方社会法学比较》，《法律史评论》2014 年。

秦宝琦：《清代惩处秘密会党律例的制定与实施》，《清史研究》2015 年第 3 期。

徐升：《南京国民政府时期国民党中央与立法院关系的变迁》，《安徽史学》2015 年第 4 期。

乔兆红：《"要不要民众运动"：训政之初的党、政府与社会》，《社会科学》2015 年第 10 期。

马艾：《试述近代中国社团运动兴起的原因》，《山东社会科学》2015 年第 S1 期。

官炳成：《动员与控制：国民党执政前后民众政策的转型》，《民国档案》2015 年第 4 期。

孙岩：《从习惯重述到法律规范——民国同业公会法的历史变迁》，《苏州大学学报（法学版）》2016 年第 3 期。

朱英：《研究近代中国制度变迁史应该注意的若干问题》，《社会科学研究》2016 年第 4 期。

后 记

本书是贵阳中医学院 2017 年博士启动基金项目"国民政府时期的社团法制与社会治理"的成果，得到了贵阳中医学院学科建设经费的资助。本书主要内容是在我的博士论文基础上修改而成的，感谢社会科学文献出版社赵怀英老师的热情帮助，本书才得以问世。国民政府时期的社团法制是非常复杂的研究对象，我本希望能够从社团治理与法制体系的角度来追求"弱水三千，只取一瓢"的境界，但直至付梓之际，仍然觉得文章只能算是草成，远远不能令人满意。希望在将来的日子里，自己还可以持续将这个题目挖掘下去，也希望有更多学者对近代的社团法制问题给予关注。本书内容若能对他人的研究有所裨益，无论是正面襄助还是反面教训，那就是对我微薄之力最好的回报。

本书得以草成，首先要感谢我的博士导师——华中师范大学近代史研究所郑成林教授。对于我这样一个不成器的学生，郑老师展现了宽广的胸怀和不倦的耐心，通过一次次的言传身教，逐渐将我从不着边际的门外汉世界引上了学术之路。无论是课程的讲解，还是论文撰写中的指点，抑或同门会议中的教诲，郑老师所给予的这一切我都历历在目。我不是一个善于沟通和表达的人，但在内心中清晰地感受、感慨和感激这一切。

在此，还要感谢华中师范大学中国近代史研究所的朱英老师、虞和平老师、彭南生老师，三位先生的授课令我获益匪浅，为我指引了学术的门径。何卓恩老师对于我的学业给予了莫大的帮助，魏文享老师、付海晏老师、常健老师、饶传平老师对于我的论文构思给予了诸多启迪，彭剑老师、尤学工老师、周月峰老师的选修课程也使我受教良多。

感谢我的硕士导师范忠信先生和我妻子的硕士导师何晓明先生。两位前辈既为我指明了人生的前进方向，也为我能够坚持走下去提供了帮助和支持。

感谢所里的兄弟姐妹赵善庆、王晨、贾俊英、李丽霞、史慧佳、李中庆、张家豪、夏巨富等，他们的关心和支持为我消解了不少学业中的困惑。

感谢我的母亲，她数十年如一日为了家庭而付出，如今本应安享晚年，却还为了我的学业和工作发愁，这实在是我的不孝；感谢我的妻子，我远离家人在他乡工作，她是家庭的支柱，她白天上班养家，晚上还要承担孩子的教育。结婚十余年，我没有兑现当初的承诺，给她更幸福的生活，她却一直陪我向前走；感谢即将年满十岁的儿子，虽然他还有着这样那样的缺点，但是他的成长令我感到欣慰，也提供了支撑我前进的动力。

最后，也将这篇不成熟的小书献给我的父亲，希望让他老人家在天之灵有所慰藉，也祈求他能保佑母亲和家人平安。

回首人生的四十二个年头，也许"人生的第二春"只是一个传说，但即便是经历酷暑严寒，若能够在一片更广阔和自由的天地中去感受和面对，相信也会是别样的景致。

董志鹏

2018 年 10 月

图书在版编目（CIP）数据

国民政府社团法制研究：1925－1937 / 董志鹏著
.－－北京：社会科学文献出版社，2019.1
ISBN 978－7－5097－8742－7

Ⅰ.①国…　Ⅱ.①董…　Ⅲ.①社会团体－行政管理－
行政法－研究－中国－1925－1937　Ⅳ.①D922.104

中国版本图书馆 CIP 数据核字（2018）第 282995 号

国民政府社团法制研究（1925－1937）

著　　者／董志鹏

出 版 人／谢寿光
项目统筹／赵怀英
责任编辑／赵怀英　王玉敏

出　　版／社会科学文献出版社·独立编辑工作室（010）59366446
　　　　　　地址：北京市北三环中路甲 29 号院华龙大厦　邮编：100029
　　　　　　网址：www. ssap. com. cn
发　　行／市场营销中心（010）59367081　59367083
印　　装／三河市尚艺印装有限公司

规　　格／开本：787mm × 1092mm　1/16
　　　　　　印张：10.75　字数：168 千字
版　　次／2019 年 1 月第 1 版　2019 年 1 月第 1 次印刷
书　　号／ISBN 978－7－5097－8742－7
定　　价／79.00 元

本书如有印装质量问题，请与读者服务中心（010－59367028）联系